복음 진리의 말씀

복음 진리의 말씀

Copyright ⓒ 새세대 2024

초판 1쇄 발행 | 2024년 10월 15일

지은이 | 곽요셉
펴낸곳 | 도서출판 새세대
발행인 | 곽요셉
이메일 | churchgrowth@hanmail.net
홈페이지 | www.newgenacademy.org
출판등록 | 2009년 12월 18일 제20009-000055호
주소 | 경기도 성남시 분당구 정자동 210-1
전화 | 031)761-0338 팩스 031)761-1340

이 출판물은 저작권법에 의해 보호를 받는 저작물이므로
무단 전재와 무단 복제를 할 수 없습니다.

ISBN 979-11-88604-16-6 (03230)

잘못된 책은 구입처에서 교환해 드립니다.
책값은 뒤표지에 있습니다.

곽요셉 목사 설교집

복음 진리의 말씀

곽요셉 지음

도서출판 새세대

서문

오늘날 교회들이 오직 예수 그리스도만을 전하는 것이 아니라, 거기에다가 무엇인가를 더하거나 빼는 것을 볼 때 참 안타깝습니다. 이렇게 복음을 가감해 복음이 파괴되는데, 대표적으로 부와 건강과 성공과 소원성취를 복음과 연관시키는 것입니다. 또한 인간의 필요에 맞추어 위로하고, 인간의 가능성을 극대화하기 위한 전략을 세웁니다. 이것은 종교 단체의 모습이지, 하나님의 교회가 아닙니다.

교회는 오직 예수 그리스도만 선포하고 증언해야 합니다. 하나님의 부르심을 받은 사람들이 하나님의 말씀에 '아멘'으로 응답하며 거듭남의 역사가 일어나는 곳이 교회입니다. 성경은 교회가 '그리스도의 몸'이라고 명백하게 정의합니다. 살아계신 예수 그리스도의 복음이 선포되는 곳이 바로, 교회입니다.

오늘날 골로새서의 말씀을 주목하게 되는 것은 그 당시 교회 모습과 비슷한 부분이 많기 때문입니다. 하나님의 복음으로 말미암아 골로새에 교회가 섰는데, 위기에 직면합니다. 철학을 비롯한 세상 지식과 여러 이단사상이 교회로 들어와 복음을 가감하고 왜곡시켜 복음이 변질됩니다. 교인들은 세상 중심의 삶을 살며, 더러는 교회를 떠나기 시작합니다. 예수님을 주님이라고 고백하지만, 어떻게 예수님이 주님이 되시는지, 어떻게 그리스도를 아는 지식의 충만함에 이를 수 있는지, 어떻게 살아계신 그리스도를 분별할 수 있는지 알지 못합니다. 항상 이성이 앞서고, 내 경험이 앞섭니다. 그 결과 복음의 능력이 나타나지도, 복음의 열매를 맺지도 못합니다. 그래서 하나님께서 사도 바울에게 골로새서를 기록하게 하셔서 이러한 문제의 해결책을 주시는데, 그것은 예수 그리스도를 아는 지식입니다.

성경은 세상이 흑암의 권세로 인해 '어둠'이라고 분명하게 선포합니다. 하나님께서는 인간을 죄와 사망과 사탄과 세상의 권세로부터 건지시고 자유를 주시기 위해 독생자 예수 그리스도를 세상에 보내셨습니다. 십자가에 죽게 하시고, 부활하시어 승천하게 하셨습니다. 그러므로 우리를 구원과 생명의 하나님 나라로 옮기셨습니다. 이것은 하나님께서 일으키시고 역사 안에서 나타난 사건입니다. 이 복음을 믿는 사람은 구원받고, 삼위일체 하나님께서 행하신 이 일을 믿고 확신하는 사람은 복 있는 사람입니다.

진리를 분별하는 것은 각자의 책임이라는 것을 명심해야 합니다. 진리란 눈에 보이는 세상의 어떤 것이나, 느낌으로 아는 것이 아닙니다. 보이는 결과에 집착하면 어느덧 '바리새인의 의'인 율법주의와 공로주의에 빠지게 됩니다. 진리의 복음은 역사성이 있어서 구체적인 사건으로 나타나는데, 그리스도인은 창조의 진리, 타락의 진리, 그리고 구원의 진리를 묵상하며 살아가야 합니다. 그때 하나님의 통치와 주권이 실현되는 하나님의 나라와 연결됩니다. 진리를 사랑하고 갈망하며, 진리 안에서 깨어 기도하며 순종하는 중에 진리의 증인, 거듭난 그리스도인의 삶을 살게 됩니다.

예수 그리스도가 누구신지를 정말 알고 믿는다면, 모든 것이 바뀝니다. 믿음과 소망과 사랑에 대해서, 소원과 인생에 대해서, 가치관과 진리관과 세계관에 있어서 변화됩니다. 창조주이시며 만물의 으뜸 되시고, 교회의 머리 되시는 예수 그리스도를 나의 구주로 영접하여 본받고 따르며 그리스도의 영광을 나타낼 때, 복음의 열매를 맺게 됩니다. 복음의 열매는 하나님의 은혜를 깨달은 날부터 시작해서, 오직 예수 그리스도 안에서 하나님의 은혜로 말미암아 성령을 통하여 하나님의 뜻 가운데 맺어집니다.

거듭난 그리스도인에게 나타나는 표지는 감사의 열매, 사랑의 열매, 소망의 열매입니다. 이러한 표지는 복음이 생명이라는 진리에 대한 믿음을 가질 때 나타납니다. 성령께 삶을 의탁함으로 성령 충만함을 받고, 동시에 성령의 통제를 받게 될 때 자연스럽게 드러납니다. 성령의 역사 속에서만 복음의 증인으로 살아갈 수 있고, 그 안에서만 복음의 목적이 내 안에 이루어진다는 것을 기억해야 합니다.

모든 하나님의 자녀는 복음의 증인으로 선택받았고, 하나님의 뜻을 이루도록 하나님의 자녀가 되었습니다. 그러므로 예수 그리스도와 연합하여 오직 하나님의 복음을 선포하고 증언하며 살아가야 합니다. 그 과정에서 열매 맺는 삶을 살게 됩니다. 이 책과 함께 복음의 진리이신 예수 그리스도와 하나님께서 하나님의 자녀를 위하여 행하시는 하늘에 쌓아 둔 소망으로 승리하는 삶을 살아가시기를 바랍니다.

곽요셉 목사 설교집

복음 진리의
말씀

차례

서문		04
01	복음 진리의 말씀 골 1:3-6	13
02	하늘에 쌓아 둔 소망 골 1:3-6	35
03	복음의 열매 골 1:3-6	57
04	복음의 능력 골 1:9-12	77
05	복음의 역사 골 1:13-14	97
06	만물의 으뜸 골 1:15-20	119
07	그의 십자가의 피 골 1:19-23	141
08	복음의 증인 골 1:28-29	165

01

복음 진리의 말씀

우리가 너희를 위하여 기도할 때마다 하나님 곧 우리 주 예수 그리스도의 아버지께 감사하노라 이는 그리스도 예수 안에 너희의 믿음과 모든 성도에 대한 사랑을 들었음이요 너희를 위하여 하늘에 쌓아 둔 소망으로 말미암음이니 곧 너희가 전에 복음 진리의 말씀을 들은 것이라 이 복음이 이미 너희에게 이르매 너희가 듣고 참으로 하나님의 은혜를 깨달은 날부터 너희 중에서와 같이 또한 온 천하에서도 열매를 맺어 자라는도다 _골로새서 1:3-6

# 01
복음 진리의 말씀

    오래전에 일어났던 실제 사건입니다. 1880년대에 미국 목사님들이 영국의 이름 높은 설교가들의 설교를 듣기 위해 영국을 방문했습니다. 미국 목사님들은 먼저 조셉 파커 목사님의 시티 템플 교회에 가서 주일 예배에 참석했습니다. 2,000명가량이 모였고, 파커 목사님의 강한 인품은 그 예배를 주도해 나갔습니다. "목소리는 준엄했고, 말은 묘사적이며, 상상력은 박진감이 넘쳤고, 몸짓은 생동감이 있었다"라고 이구동성으로 말했습니다. 그 설교는 성경에 입각한 것이었고, 회중은 그 설교에 매료되었습니다. 미국에서 온 목사님들은 소감을 이렇게 표현했습니다. "조셉 파커는 얼마나 경이로운 설교자인가!" 그날 저녁, 이번에는 미국에서 온 목사님들이 스펄전 목사님의 설교를 듣기 위해 테버네클 교회에 갔습니다. 그 건물은 시티 템플 교회보다 더 컸고, 회중은 두 배 이상이었습니다. 스펄전 목사님의 목소리는 더욱 인상적이었고, 감동적이었으며, 화술은 탁월함의 극치였습니다. 그러나 미국 목사님들은 그 거대한 건물과 엄청난 숫자의 회중 그리고 웅장하게 퍼지는 목소리에 대해서는 다 잊어버렸다고 합니다. 심지어 두 목사님의 다양한 측면을 비교하려는 처음의 의도조차도 전부 잊어버렸습니다. 그리고 예배가 끝나자 미국에서 온 목사님들은 모두 똑같이 말하는 자신을 발견했습니다. "예수 그리스도는 얼마나 위대한 구세주인가!" 깊이 생각해 보시기 바랍니다.

복음의 진수, 예수 그리스도

성도 여러분, 교회란 무엇입니까? 기독교란 무엇입니까? 나는 이 질문에 어떻게 대답하며 오늘을 살아가십니까? 이 질문의 답은 '오직 예수 그리스도'입니다. 교회는 오직 예수 그리스도만이 선포되고 증언되는 곳, 하나님의 부르심을 받은 사람들이 아멘으로 응답하며 거듭남의 역사가 일어나는 곳입니다. 만일 그렇지 못하면, 그것은 하나님의 교회가 아닙니다. 교회의 정의는 신약성경에 명백하게 정의되고 기록되어 있습니다. "그리스도의 몸이다." 다시 말해서, 살아계신 그리스도가 역사하시며, 그리스도의 복음이 선포되어 거듭남의 역사가 나타나는 곳입니다. 그곳이 하나님의 교회입니다. 그럼에도 불구하고 역사에서 보면, 특별히 오늘 이 시대에는 그 본질이 사라져가고 있습니다. 예수 그리스도를 말하지만, 예수 그리스도보다 다른 것들이 더 많이 전해지기 때문입니다. 그 중심 메시지는 위로이며, 평화와 행복을 약속합니다. 부와 건강과 성공과 소원성취를 약속합니다. 이것은 하나님의 교회가 아닙니다. 이것은 종교입니다. 인간의 필요(need)에 맞추어 위로하고, 인간의 가능성을 극대화하기 위해서 하는 말일 뿐입니다. 하나님의 교회는 오직 예수 그리스도만을 전파하고 증언합니다. 이미 아시는 것처럼 오늘날 기독교에 속한 수많은 교단과 교파가 있는데, 중요한 것은 하나님께 속했느냐 속하지 않았느냐 하는 것입니다. 오직 하나, 예수 그리스도의 복음이 전파되지 않으면 아무것도 아닙니다. 아무리 대형 교회이고, 유명한 목회자라도 오직 하나님의 복음, 그리스도의 복음을 전파하지 않으면 잘못된 것입니다. 그것을 분별하며 오늘을 살아가야 합니다.

성도 여러분, 참으로 유감스러운 말씀을 하나 드립니다. '기독교'라는 용어 자체에 문제가 있다는 것입니다. 문제가 있는 줄 알면서도 쓸 수밖에 없는 이 상황이 참으로 안타깝습니다. 기독교라는 말의 '기독'은 의미를 가진 단어라기보다는 단지, 음역한 것입니다. 그래서 기독이라는 말에는 예수 그리스도라는 의미가 없습니다. 그런데도 기독교라는 말을 쓰고 있습니다. 이 단어는 중국에 처음 복음이 전해졌을 때 생겨난 말로, 오늘에 이르기까지 그대로 한국 교회가 쓰고 있는 단어입니다. 중국어로 그리스도를 '지리스두'라고 읽는데, 그것을 최대한 한자로 표기한 것이 '기독'이라는 말이고, 여기서 기독교가 된 것입니다. 그래서 사실 새로운 용어를 써야 합니다. '그리스도교', '예수교'가 맞습니다. 왜요? 오직 예수 그리스도만을 전하니까요. 그런데 제가 만일 '그리스도교' 또는 '예수교'라고 하면, 저를 이단인 줄 알 것입니다. 참으로 유감입니다.

성도 여러분, 복음은 예수 그리스도입니다. 예수 그리스도는 복음의 진수입니다. 이 '복음'이라는 말을 직역하면 'Good News', '기쁜 소식'입니다. 여기서 잘 생각해야 합니다. 그 기쁜 소식이 우리의 기대와 소원에 부합하는 위로나 평화, 번영이나 행복이나 소원성취가 아니라는 것입니다. 그러한 메시지를 전하는 것을 '종교'라고 합니다. 사상이나 철학입니다. 인간이 만든 위로요, 가능성을 약속하는 말뿐인 것입니다. 교회가 선포하는 기쁜 소식은 예수 그리스도입니다. 예수 그리스도가 세상 속으로 들어오셨습니다. 그분이 십자가를 지셨으나 부활하시어 오늘도 살아 역사하십니다. 이것이 복음입니다. 그리고 그분이 전파하신 복음은 하나님 나라요, 천국입니다. 절대 잊어서는 안 됩니다. 세상을 좀 개선하고 개혁해서 좋은 세상을 만들고, 나은 세상을 만들고, 평화로운 세상을 만들고, 전쟁이 없는 세상을 만들고자 하는 것이 아닙니다. 유토피아를 만드는 것이 아닙니다. 세상은 어둠입니다. 오직 하나님 나라만이 주께서 전파하신 복음입니다. 이 복음에 있어서 타협해서는 안 됩니다. 그런데 타협하기에 너무나 많은 위험이 생겨났습니다. 왜요? 인간의 본성은 예수 그리스도보다 사실 위로, 능력, 평화, 질병 없는 세상, 고통 없는 세상, 안정, 번영에 더 관심이 있기 때문입니다. 이것이 인간의 소원 아닙니까? 하지만 여기에 끌려가서는 안 됩니다. 복음을 가감하는 것은 무서운 죄입니다. 그것은 복음을 파괴하는 것입니다.

  오늘날 보십시오. 모든 교회가 예수 그리스도를 전합니다마는, 오직 예수 그리스도만을 전하는 것이 아니라 거기에다 자꾸 뭘 섞습니다. 가하고, 감합니다. 그래서 부와 건강과 성공과 번영과 평화와 같은 것들을 말합니다. 이것은 복음을 파괴하는 것입니다. 하나님의 교회가 아닙니다. 한번 생각해 보십시오. 90퍼센트 복음과 50퍼센트 복음, 어떤 것이 위험하겠습니까? 어떤 것이 더 나쁩니까? 간단히 생각하면 50퍼센트가 더 나쁜 것 같지만, 아닙니다. 50퍼센트 이하는 거들떠보지도 않기 때문에, 오히려 90퍼센트가 문제입니다. 그래서 이것이 더 나쁜 것입니다. 가장 나쁜 것은 99퍼센트입니다. 왜요? 복음을 파괴했기 때문이지요. 거기다 살짝 세상의 지식과 인간의 기대를 집어넣었기 때문입니다. 거기에는 하나님의 역사가 나타나지 않습니다.

오늘날 교회와 기독교의 문제가 바로 여기에 있습니다. 복음을 가감하고, 복음을 실종시키며, 복음을 파괴하고 있는데도 회개하지 않습니다. 그리스도인도 마찬가지입니다. 오직 복음을 믿음으로 하나님의 자녀가 되었는데, 그 복음이 무엇인지 모르고 복음 안에서 만족하지를 않습니다. 복음만을 소망하지 않습니다. 복음 안에서 복음의 사람으로 살아가지 않습니다. 그럼 어떻게 되는지 아십니까? 살아계신 그리스도가 우리 안에서 역사하지 않으십니다. 그냥 스스로 분주하고 바쁜 것뿐입니다. 살아계신 그리스도가 나의 주가 되셔야 모든 것이 변화되고, 새로운 인생을 살아갑니다. 그런데 복음을 가감할 때는, 잘못된 믿음 생활을 할 때는 살아계신 예수 그리스도가 역사하지 않으십니다. 그래서 영적인 변화, 인격적인 변화가 없습니다. 이것을 분명히 알아야 합니다. 거듭난 그리스도인은 복음을 보존하도록 부르심을 받은 사람입니다. 하나님의 뜻입니다. 하나님의 행위입니다. 하나님의 계획입니다. 그대로 보존하도록 하나님께 부르심을 받은 사람이 거듭난 그리스도인입니다. 그리고 사명을 받습니다. 그 복음을 전파하고 증언하는 것입니다. 세상 속에서 이제는 복음의 사람으로 복음의 생각에 이끌려 오늘을 살아갑니다. 주께서 그와 함께 하시는 것입니다.

진리를 분별해야 하는 이유

오늘 성경말씀 5절에 "복음 진리의 말씀"이라는 매우 중요한 하나님의 말씀이 기록되어 있습니다. 항상 묵상하며 살아가야 합니다. "너희가 전에 복음 진리의 말씀을 들은 것이라." 성도 여러분, 구원이란 이 복음 진리의 말씀을 듣고 믿음으로 이루어지는 것입니다. 내가 하나님의 자녀 되었다는 것은 이 복음 진리의 말씀을 분별하고, 영접했고, 믿고, 붙잡고 살아가는 것을 의미하는 것입니다. 하나님의 교회란 오직 이 복음 진리의 말씀을 선포하고 증언하는 곳입니다. 그 외에 다른 것이 아니라는 사실을 분명히 알아야 합니다.

먼저 골로새서가 기록된 상황을 이해할 필요가 있습니다. 간단히 말씀드리면, 하나님의 복음으로 말미암아 골로새에 교회가 섰는데, 위기에 직면합니다. 여러 가지 사건이 있었지만, 가장 중요한 것은 복음이 가감되어 왜곡되고 파괴되었다는 것입니다. 복음이 전해지는 것 같지만, 철학과 세상 지식과 그밖에 다른 많은 이단사상이 들어와서 다른 복음으로 변질되어 하나님의 교회가 지금 큰 위기를 맞고 있습니다. 그런데 이런 일의 첫 번째 책임자들이 목사와 교사입니다. 골로새서는 거짓 선교사, 거짓 선지자, 거짓 사도, 거짓 교사에 대한 위험성을 심각하게 경고하고 있습니다. 오늘도 이런 위험성이 여전한데, 그래서 하나님께서 하나님의 사람 사도 바울을 세우셔서 그를 통하여 골로새서를 기록하게 하십니다. 다시 말해서, 모든 교회의 문제들에 대한 해결책을 주시는 것입니다. 그것이 골로새서입니다. 그래서 골로새서를 '그리스도론'이라고 말합니다. 오직 그리스도를 아는 지식, 예수 그리스도가 누구시며, 무슨 일을 하셨는지를 명백하게 집약하여 기록한 책입니다. 이런 비슷한 서신이 에베소서인데, 교회가 무엇인지, 그 본질이 무엇인지를 명확하게 기록하고 있습니다. 왜냐하면, 교회가 교회 되지 못한 이유, 내가 그리스도인으로 변화되지 않은 이유, 교회가 잘못되어 가는 이유, 영향력을 끼치지 못하는 이유, 그 모든 것이 예수 그리스도로부터 빗나갔기 때문입니다. 복음을 가감했기 때문입니다. 당시에도 전쟁이 있었고, 재난이 있었고, 기근이 있었고, 폭력이 있었고, 수많은 고통이 있었습니다. 모든 문제의 답을, 해결책을 하나님께서 주십니다. 예수 그리스도를 바로 알아야 합니다. 거기에 구원에 이르는 믿음이 있습니다.

"복음 진리의 말씀", 한마디로 복음은 진리라는 것이지요. 복음을 더 구체적으로 명확하게 강조하는 것입니다. 간단히 이렇게 생각하시면 됩니다. 예수 그리스도로 말미암아 복음을 믿어서 구원받았습니다. 그런데 세상으로부터 자꾸 다른 것들을 받아들입니다. 예수 믿기 전에 알고 있던 진리들만 아니라, 계속 세상에서 전파되는 진리들을 접하면서 받아들이는 것입니다. 조금이라도 복음을 아는 사람은 성경 안에서, 말씀 안에서 받아들이지만, 여전히 세상의 지식과 합쳐버리는 것을 끊어내지 못합니다. 그러면 복음이 변질됩니다. 파괴됩니다. 그래서 "복음 진리의 말씀을 너희들이 들음으로 이 교회가 시작되지 않았느냐? 너희가 하나님의 자녀 된 것이 아니냐?"라며, 복음 진리의 말씀을 강조하여 기록하게 된 것입니다. 그러므로 하나님의 자녀는 복음 안에서 세상이 말하는 모든 진리 같은 것들을 재해석해야 합니다. 다시 생각해야 합니다. 어떤 것이 참이고 어떤 것이 거짓인지, 어떤 것이 가짜뉴스가 포함된 진짜와 비슷하거나 진짜 같은 것인지 분별해야 합니다. 이것은 각자의 인생에서 감당해야 할, 각자의 책임입니다. 무엇보다 중요한 것은 진리란 느낌으로 아는 것이 아니라는 것입니다. 눈에 보이는 것이 아닙니다. 진리는 지적인 사고를 통해서 깨달아지고, 발견되는 것입니다. 이걸 분명히 알아야 합니다. 복음은 진리 중의 진리요, 진리의 본질입니다. 그리고 그 복음 진리는 역사성이 있어서 사건으로 나타납니다. 말뿐인 것은 단지 위로만 될 뿐, 아무 능력이 없습니다. 추상적인 것입니다.

예수님이 선포하신 진리

성도 여러분, 예수님이 선포하신 그 많은 말씀 중에서 가장 근본이 되는 진리 세 가지가 있습니다. 그것은 성경 전체에서 강조하는 가장 본질적인 진리입니다. 이 세 가지를 항상 인식하며 그 안에서 진짜와 가짜를 분별하며 오늘을 살아가야 합니다. 이것은 모든 거듭난 그리스도인의 믿음이요, 신앙입니다. 그 첫째가 창조의 진리입니다. 오직 한 분이신 하나님께서 우주 만물을 창조하셨다는 진리입니다. 하나님의 진리의 첫 시작입니다. 이 세상에는 수많은 종교가 있고, 수많은 사상이 있고, 철학이 있고, 교육이 있습니다. 하지만 창조 신앙을 부정하는 것은 다 가짜뉴스입니다. 그것부터 명확하게 해야 합니다. 창조 진리를 부정하면, 단 한 군데로만 가게 됩니다. 진화론입니다. 모든 것이 진화론에 입각하게 됩니다. 오늘 이 세상의 풍조는 진화론 그 자체가 모든 것을 주도합니다. 세상의 진리관입니다. 그것은 가짜뉴스입니다. 근본적으로 거짓입니다. 진짜에다 가짜를 섞으면 모두 다 가짜가 되고 맙니다. 그걸 버려야 합니다. 이것은 사탄의 역사입니다. "오직 한 분이신 창조주 하나님의 창조가 있다." 이걸 믿고 기뻐해야 합니다. 그래서 온 우주 만물을 보면서, 자연을 보면서 하나님의 자녀는 하나님을 찬양합니다. 그 안에 우리의 인생이 있습니다. 이 창조의 진리를 조금이라도 파괴하고, 교묘한 말로 부정하는 것은 그 자체가 가짜뉴스인 것을 인식해야 합니다.

둘째가 타락의 진리입니다. 모든 인간은 타락하여 죄인이 되었습니다. 그래서 죄의 권세 아래 살며, 육신의 생각에 이

끌려 죽음을 향해 달려가는 비참한 인생이 되었습니다. 이것은 하나님이 바라시는 하나님의 뜻이 아닙니다. 인간은 전적으로 타락했다는 것을 부정합니다. 죄를 인정할지는 모르지만, 잘못은 할 수도 있다고 생각합니다. 이처럼 내가 전적으로 타락했다는 것을 부정합니다. 그 자체가 잘못된 인생관입니다. 그래서 대안을 마련합니다. '인간은 전적으로 타락하지는 않았어. 그러니까 개선하면 돼. 개혁하면 돼.' 그 방법론이 교육이라는 것입니다. 고대 사회부터 지금까지 또 미래 사회에서 교육을 통해서 선한 인간을 만들 수 있다고, 보다 나은 참 인간이 될 수 있다고 주장합니다. 오직 교육을 말합니다. 그런데 세상은 어떻습니까? 더 나빠집니다. 때로는 교육받은 사람이 더 나쁩니다. 이것은 이미 부도난 것인데도, 계속 여기에 끌려갑니다. 잘못되었습니다. 그것이 바로 인본주의라는 것입니다. 인본주의를 말하면서 르네상스를 얘기하고 문예부흥을 말하지만, 그 중심에는 창조주 하나님이 없고 창조 신앙이 없습니다. 전적으로 타락한 진리라는 것을 받아들이지 않습니다. 여기에 문제가 있습니다. 심지어 그리스도인조차도 여기서 실패합니다. 그래서 자기 것을 자랑하고, 교만에 빠집니다. 다른 사람을 무시하고, 외적인 것으로 사람을 판단합니다. 그런데 전적으로 타락한 것을 받아들이는 사람이라면 무슨 할 말이 있겠습니까? 도토리 키 재기임을 압니다. 성도 여러분, 거듭난 그리스도인은 전적으로 타락하여 죄의 종이 되었고, 죄의 잔재가 우리 안에 남아 있음을 항상 고백하고 회개하며 오늘을 살아가게 됩니다.

성도 여러분, 세상에서 가장 타락한 것이 무엇인지 아십니까? 이것을 알아야 분별할 수 있지 않겠습니까? 두 가지가 있는데, 첫째가 세상의 모든 종교입니다. 그 중심에는 하나님이 없습니다. 하나님을 경외하지 않습니다. 가장 타락한 것입니다. 세상에서 가장 영향력 있는 것이 종교인데, 이 종교가 가장 타락한 것은 하나님을 필요 없다고 하기 때문입니다. 그것 말고 어떻게 가장 타락한 것을 말할 수 있겠습니까? 하나님께 가까이 가야 하는데, 하나님과 멀어질수록 더 타락한 것인데, 거짓된 진리를 말하면서 많은 사람들을 끌어당기고 있습니다. 그것을 분별하며 애통하는 마음으로 오늘을 살아가야 합니다. 둘째는 가장 존경받는 불신자들입니다. 세상 역사에서 영웅들, 지도자들, 선행을 많이 행한 사람들, 공로가 있는 사람들입니다. 그들의 중심에도 창조 신앙이 없습니다. 전적으로 타락한 인간임을 고백하지 않습니다. 그래서 사람들을 현혹합니다. 다시 생각해야 합니다.

그리고 성경 전체에서 강조하는 본질적인 진리 셋째는 구원의 진리입니다. 구원의 진리는 사건으로 나타났고, 명확한 현실입니다. 창조, 타락, 구원이 성경 전체의 가장 중심이 되는 진리입니다. 구원이란 죄와 사망과 사탄과 세상으로부터 벗어나 건짐 받아 자유롭게 되는 것입니다. 그런데 이것을 받아들이지 않습니다. 하나님은 이 일을 하시기 위해서 독생자 예수 그리스도를 보내셨습니다. 십자가에 죽게 하시고, 부활하시어 승천케 하셨습니다. 그 복음을 믿는 자마다 구원받는 것입니다. 그런데 구원의 필요성을 느끼지 않고 구원에 절박함이 없습니다. 불신자는 물론이고, 믿는 사람조차도 그 마음이 없기 때문에 영적인 변화가 없는 것입니다. 더 나아가 복음을 전하지도 않습니다. 심각하고 무서운 죄입니다. 창조를 부인하고, 전적인 타락의 진리를 받아들이지 않습니다. 그렇게 되면 구원의 필요성을 알지 못합니다. 그래서 예수님을 부인하고, 거역하고, 믿지 않는 것입니다.

무엇보다 중요한 것은 이 창조와 타락과 구원의 진리, 이 세 가지 진리가 하나로 연결되어 있다는 것입니다. 더 크고 위대한 진리와 연결되어 있습니다. 그것이 하나님 나라입니다. 하나님 나라는 하나님의 통치와 주권이 나타났고 실현되는 것입니다. 그것이 하나님이 창조하신 세계입니다. 하나님이 사랑하시는 세상은 그런 세상입니다. 반면에 타락한 세상에는 심판이 있습니다. 성경을 보십시오. 하나님의 진노로 인해서 벌을 받습니다. 창조된 세상이 타락했습니다. 인간이 타락했습니다. 하나님께서 불쌍히 여기시어 은혜를 베푸십니다. 그것이 구원입니다. 이 모든 것이 선포되고 나타난 것이 하나님 나라입니다. 그래서 거듭난 그리스도인은 항상 주의 나라와 주의 의를 먼저 구하며 살아갑니다. 그것이 예수님의 말씀입니다. 그리고 항상 기도합니다. "주의 나라가 임하옵소서." 예수님이 가르쳐주신 기도입니다. 그 기도 안에서 자신을 재발견합니다. 나 같은 죄인이 하나님 나라 백성이 되었습니다. 천국에 들어간 것입니다. 예수 그리스도로 말미암아 구원에 동참하게 되었습니다. 그래서 감사하고 기뻐하는 것입니다. 그리고 온 세상이 하나님의 세상으로 보이고, 하나님의 창조 세계 안에 있음을 보게 되고, 점점 믿음이 확장됩니다. 동시에 온 세상이 어둠의 세상임을 깨닫고, 타락한 인간의 모습이 보이기 시작합니다. 분별력이 생깁니다. 그럼에도 불구하고 복음의 역사로 하나님께서는 모든 인간이 구원받기를 기뻐하신다는 것을 깨닫습니다. 놀라운 세계관을 가지고 오늘을 살아가게 됩니다.

성도 여러분, 하나님의 창조, 인간의 타락, 그리고 구원을 인정하지 않고 부정하며 무시하는 진리들은 전부 다 가짜뉴스입니다. 그런 것들에 끌리기에 예수님을 부인하고, 영접하지 않는 것입니다. 얼마나 비참한 상태입니까! 부분적인 진리를 분별하며 살아가야 합니다. 그런데 생각해 보십시오. 사실 죄에 대해서, 인간에 대해서, 세상에 대해서, 역사에 대해서, 인생에 대해서 우리는 가짜뉴스에 끌려 살았습니다. 그러다가 예수님을 믿고 이제 참 진리를 알게 된 것입니다. 또한 최후의 심판에 대해서, 천국에 대해서, 지옥에 대해서도 가짜뉴스가 널려 있습니다. 성공에 대해서, 행복에 대해서 모든 것이 다 가짜뉴스입니다. 가짜뉴스 속에서 우리는 살아가는 것입니다. 무엇보다도 하나님과 예수님에 대해서는 정말 가짜뉴스가 판을 칩니다. 그 속에서 우리는 깨어 기도하며, 주의 나라와 주의 의를 구하며 오늘의 삶을 살아가야 하는 것입니다.

진리이신 예수 그리스도

예수님은 십자가를 지시기 전날 명백하게 선언하십니다. "I'm the truth. 나는 그 진리다." 항상 기억하십시오. 지금 예수님이 무엇을 가르치셨는지를 말하는 것이 아닙니다. 예수님 자신이 진리라는 것입니다. 예수님 자신이 진리입니다. 다시 말해서, 모든 참 진리는 예수 그리스도 안에 있습니다. 그것을 분별하며, 믿고, 확신하며, 사랑하며 오늘을 살아가는 것입니다. 또한 이 말씀은 진리는 사건이요, 인격임을 말합니다. 왜요? 예수님 밖에 있는 진리는 다 하나의 가르침일 뿐입니다. 사건으로 검증되지를 않습니다. 모든 종교가 태초를 말하고 종말을 말하는데, 사실 본인들이 어떻게 압니까? 살아보았자, 기껏 100년밖에 살지 못합니다. 그런데도 거기에 끌려가는 것입니다. 참 진리는 사건이요, 인격입니다. 그분이 예수 그리스도십니다. 예수님의 성육신, 십자가와 부활, 승천의 사건 속에서 우리는 참 진리를 깨닫고 분별하게 됩니다.

성도 여러분, 모든 진리의 궁극적인 목적이 무엇인지를 알아야 합니다. 그것은 하나님입니다. 하나님이 진리의 근원이시기 때문입니다. 그러니까 내가 진리를 알고 계속 생각하며 추구하는데 그 진리가 하나님과 가까워지지 않는다면, 그것은 다 버려야 하는 것입니다. 참 진리가 아닙니다. 그러므로 하나님의 자녀는 오직 예수 그리스도 안에서 믿음으로 하나님께 나아가며, 하나님과 함께하는 삶을 살아갑니다. 성도 여러분, 진리에 대한 무관심은 하나님과 예수님에 대한 무관심입니다. 이것을 잊어서는 안 됩니다. 진리에 대한 관심과 사랑은 예수님과 하나님에 대한 관심과 사랑입니다. 예수님이 말씀하시지 않습니까? "내가 그 진리다." 그런데 예수님을 나의 구주로 영접하면서도 진리에 대해 무관심합니다. 진리를 사랑하지 않습니다. 진리를 추구하지 않습니다. 진리를 묵상하지 않습니다. 그것은 거짓 신앙입니다. 지금 잘못된 것입니다. 예수 그리스도가 그 마음에서 역사하지 않기 때문입니다. 거듭난 그리스도인은 오직 예수 그리스도를 나의 구주로 영접하며, 그리스도를 본받고 따르며, 그리스도의 영광을 나타내면서 날마다 변화된 삶을 통하여 승리하며 오늘을 살아갑니다. 항상 진리를 사랑하고 갈망하며, 진리 안에서 깨어 기도하고 순종하면서 진리의 증인으로 오늘을 살아갑니다. 성도 여러분, 내가 하나님의 자녀라고 확신하거든, 이제부터는 복음 진리 안에서 복음 진리를 사랑하고, 갈망하며, 그 진리 안에서 기도하며, 순종하며 오늘을 살아가야 합니다. 그 진리 속에서 살아계신 그리스도가 역사하시어 나를 날마다 새롭게 하시며, 이 세상에서 승리하는 인생을 체험하게 하실 것입니다.

종교개혁의 선구자이며 순교자인 얀 후스의 최종 선언입니다. 이분은 오직 성경만이 믿음의 유일한 권위이며 하나님의 진리만이 인류를 구원한다고 선포하고, 가톨릭의 부패와 세속화를 강하게 비판했습니다. 그랬더니 가톨릭교회가 그의 성직을 박탈하고, 나중에는 화형을 시켜 죽여 버렸습니다. 체코 프라하의 바츨라프 광장에 가면 안 후스의 동상이 세워져 있습니다. 오래전에 거기 가서 그 동상을 보며, 그 아래에서 화형당하면서 선언한 최후 진술의 기록을 본 적이 있습니다. 한참을 생각하며 머무른 적이 있습니다. 귀를 기울여 들으시기 바랍니다. "신실한 그리스도인이여, 진리를 찾으라. 진리를 들으라. 진리를 배우라. 진리를 사랑하라. 진리를 말하라. 진리를 지키라. 죽기까지 진리를 수호하라. 그것은 진리가 너를 죄와 악마와 마침내 영혼의 죽음으로부터 자유케 하기 때문이다." 예수님께서 말씀하셨습니다. 요한복음 8장 32절입니다. "진리를 알지니 진리가 너희를 자유롭게 하리라." 예수님께서 기도하셨습니다. 요한복음 17장 17절입니다. "그들을 진리로 거룩하게 하옵소서 아버지의 말씀은 진리니이다."

기도

창조주이시며 거룩하신 하나님 아버지, 독생자 예수 그리스도를 세상에 구주로 보내주시어, 예수님을 나의 구주로 영접하는 자마다 하나님의 자녀 되는 권세를 주시어, 이제는 복음 진리를 알고, 영접하며, 그 진리를 사랑하고, 갈망하며, 그 진리 안에서 깨어 기도하고, 순종하여 이 땅에서 승리하는 삶을 살아가게 하심에 진심으로 감사드립니다. 그러나 예수 그리스도를 나의 구주로 영접했음에도 불구하고 아직도 진리를 분별치 못하고, 진리를 추상화하며, 세상 풍조에 휩쓸리어 잘못된 진리관에 이끌리어, 아무런 변화 없는 삶을 살아가며, 아무런 영적 변화를 체험하지 못한 채 무지무각한 상태로 살아가는 어리석은 죄인들을 불쌍히 여겨주옵소서. 나의 주 성령이시여, 오직 믿음으로 그리스도와 연합하여 살아계신 그리스도가 내 안에 역사하여 복음 진리 안에 살아가며, 복음 진리만을 사랑하며, 증언하며, 선포하며, 복음 진리 안에 깨어 기도하여 주와 동행하며, 주의 역사를 체험하며, 증언하는 형통한 삶을 살아갈 수 있도록 함께하여 주옵소서. 우리 주 예수 그리스도의 이름으로 간절히 기도드리옵나이다. 아멘.

02

하늘에 쌓아 둔 소망

우리가 너희를 위하여 기도할 때마다 하나님 곧 우리 주 예수 그리스도의 아버지께 감사하노라 이는 그리스도 예수 안에 너희의 믿음과 모든 성도에 대한 사랑을 들었음이요 너희를 위하여 하늘에 쌓아 둔 소망으로 말미암음이니 곧 너희가 전에 복음 진리의 말씀을 들은 것이라 이 복음이 이미 너희에게 이르매 너희가 듣고 참으로 하나님의 은혜를 깨달은 날부터 너희 중에서와 같이 또한 온 천하에서도 열매를 맺어 자라는도다 _골로새서 1:3-6

02
하늘에 쌓아 둔 소망

저명한 기독교 변증가이며 베스트셀러 작가인 리 스트로벨 목사님이 쓴 『불변의 소망』(The Case for Hope)이라는 제목으로 번역된 책이 있는데, 이 책에 나오는 내용을 소개하겠습니다. 성경적으로 소망이란, 하나님이 자신을 믿는 자들에게 해 주신 약속을 지킬 의지와 능력이 있으시다는 확신이라고 설명합니다. 그러면서 우리가 성경과는 전혀 다른 의미로 소망이라는 단어를 잘못 사용하고 있음을 지적합니다. 함께 생각해 보시기 바랍니다. 첫째, 소망을 단순한 희망 사항의 의미로 사용하는 것입니다. 그런데 희망 사항은 상황이 바뀌거나 무언가 얻기를 바라는 것으로, 원하는 대로 이룰 능력도 없으면서 막연히 어떻게 될 것을 바라는 것입니다. 둘째, 소망을 맹목적인 낙관주의로 사용하는 것입니다. 물론 되도록 좋게 생각하는 건 좋지만, 모든 것을 장밋빛 렌즈를 끼고 보는 사람들이 있습니다. 긍정적인 태도는 칭찬해 줄 만하지만, 그런 태도로는 현실을 바꿀 수 없습니다. 셋째, 소망을 희망에 찬 꿈으로 사용합니다. 드높은 목표를 세우고 열심히 추구하는 사람들이 있습니다. 이처럼 꿈을 정해 부단히 노력하는 것은 훌륭한 일이지만, 문제는 희망에 찬 꿈이 어디까지나 인간 한계의 틀 안에 갇혀 있다는 것입니다. 이러한 꿈은 우리가 간절히 바란다고 해서 무조건 이루어지는 것이 아닙니다.

소망에 대한 바른 이해

성도 여러분, 거듭난 그리스도인은 소망의 사람으로 변하여 세상 속에서 소망 중심의 삶을 살아갑니다. Hope, 즉 소망은 소원, 희망, 꿈, 낙관주의, 긍정주의, 이런 것들과는 전혀 다른 것입니다. 구별하여 사용해야 합니다. 소망은 하나님의 뜻이 이루어지는 것입니다. 인간의 뜻이 이루어지는 것은 소망이라고 하지 않습니다. 인간의 뜻이 이루어지는 것, 그것은 소원이요 꿈입니다. 소망은 보이지 않는 것입니다. 보이는 것은 소망이 아닙니다. 또한 소망은 하나님께서 주신 확실한 약속의 말씀을 근거로 합니다. 확실한 약속의 말씀에 근거하지 않은 것들은 소원이나 희망입니다. 무엇보다 중요한 것은 소망이 하나님의 행동이라는 것입니다. 인간의 행동을 의미하는 것이 아닙니다. 모든 인류는 항상 자신의 행복과 세상의 평화, 안정, 번영을 기원합니다. 하지만 아무리 그것이 선한 것이라 할지라도, 또 간절한 것이라 할지라도 어디까지나 소원이지 소망이 아닙니다. 왜냐하면 하나님의 뜻이 아니요, 약속된 말씀을 근거로 한 것도 아니기 때문입니다. 무엇보다 하나님의 행동이 아니기 때문입니다. 특별히 그리스도인은 이 부분에서 아주 조심해야 합니다. 스스로 선한 삶을 지향하고, 거룩한 삶을 지향하고, 선한 일을 많이 행하고, 교회 일을 열심히 하고, 봉사를 많이 하고, 구제 활동을 하고, 전도를 많이 한다고 해서 그것이 소망인 것은 아닙니다. 비록 그것이 선한 일이기는 해도 그 자체는 소원이요, 자신의 희망인 것입니다. 이것을 분별해야 합니다. 왜냐하면, 하나님의 행동이 아니라 자신의 행동이기 때문입니다.

한 초등학교 수업 시간에 있었던 일입니다. 선생님이 아이들에게 장래 희망을 물어보았습니다. 그런데 아이들이 저마다 손을 들고 말합니다. "저는 기업가가 되어서 국민을 잘살게 해줄 거예요. 저는 과학자가 되어서 국민의 생활을 편리하게 해줄 거예요. 저는 정치가가 되어서 우리 동포를 행복하게 해줄 거예요." 계속 이런 이야기를 해나갑니다. 그런데 한 아이가 말을 하지 않아서 너의 장래 희망은 뭐냐고 물었더니, 이 아이가 곰곰이 생각하다가 이렇게 대답했답니다. "저는 그냥 국민이 될래요. 동포도 괜찮을 것 같고요." 소원과 소망은 완전히 다른 차원입니다. 성도 여러분, 성경이 말씀하는 소망, 성경이 우리에게 주는 소망은 하나님의 뜻과 행동이 구체적으로 나타나는 것을 의미합니다. 그리스도인은 그 소망을 붙잡고 기도하며, 갈망하며, 소망 중심의 삶을 살아갑니다. 마태복음 6장 33절에서 예수님께서는 하나님의 자녀를 향하여 말씀하십니다. 유명한 말씀입니다. "너희는 먼저 그의 나라와 그의 의를 구하라." 여기서 생각해 보십시오. "그의 나라와 그의 의." 이것이 소망입니다. 하나님의 계획이요, 하나님의 선물이요, 하나님의 행동입니다. 그래서 "너희는 먼저 그의 나라와 그의 의를 구하라"는 것은 소망에 합당한, 그 소망에 일치하는 소원을 가지고 오늘을 살라는 말씀입니다. 그리스도인의 소망은 하나님 나라와 하나님의 의에 있습니다. 이것을 분별해야 바른 기도생활과 신앙생활을 하며, 열매 맺는 삶을 살아갈 수 있습니다.

오늘날 현대 사회를 움직이는 원동력, 역사 안에서 세상을 움직이는 힘이 무엇이라고 생각하십니까? 그것은 바로 유토피아입니다. 유토피아 세계관, 유토피아의 관점입니다. 그 세계관, 그 관점 안에 모든 인류의 소원이 있습니다. 그래서 항상 성공, 성장, 번영, 안정, 이런 것들을 꿈꿉니다. 미래에 이런 세상이 나타나기를 바라는 것입니다. 거기에 인류의 소원이 있습니다. 이것이 유토피아 세계관입니다. 또한 자유, 평등, 평화, 행복, 이것들이 다 소중하고 귀한데, 그래서 이런 것들이 이루어지는 세상, 그런 미래를 기원합니다. 바로 이것이 소원인 것입니다. 소망이 아닙니다. 정치, 경제, 문화, 교육, 사회, 이 모든 것들이 유토피아 세계관에 있습니다. 그래서 항상 진보하기를 꿈꿉니다. 보다 나은 세상, 보다 행복한 세상, 보다 정의로운 세상을 외칩니다. 유토피아 관점에서 나타나는 현상일 뿐입니다. 세상을 유토피아로 끌어가려는 것입니다.

그런데 현실은 어떻습니까? 한 번도 유토피아가 이루어진 적이 없고, 이루어지지도 않을 것입니다. 그런데도 계속 이것을 반복해 나갑니다. 참으로 어리석고 비참한 인생입니다. 이것을 역사가 명백하게 보여줍니다. 유토피아가 아니라고 말입니다. 잠시 잠깐에 불과하다고 말입니다. 시간을 되돌아보니까 더 비인간화되었고, 이기적인 탐심과 정욕에 끌려가는 세상이 되어 오히려 디스토피아가 되어갑니다. 많은 정치인이 계속 말합니다. 새로운 세상, 자유와 평등이 있는 세상, 번영된 세상을 말하고 약속하며, 아주 확신합니다. 하지만 현실은 다릅니다. 현실로 판단하십시오. 그 유토피아는 참으로 허상입니다. 소위 진보든 보수든 다 개혁, 개선, 혁명을 말합니다. 다 유토피아입니다. 자유, 평등, 번영, 평화, 성공, 다 추상적인 것입니다. 잠시 잠깐은 될 수 있을지 모르지만, 결국 유토피아는 실현되지 않습니다. 현실은 냉혹합니다. 정반대로 흐르고 있습니다. 이것을 직시해야 합니다. 한마디로 이 세상은, 현대 사회는 소망을 상실했습니다. 유토피아에 이끌려서 소원, 희망, 꿈, 비전에 붙들려 살아갑니다. 그러나 거듭난 그리스도인은 다릅니다. 소망 중심의 삶을 살아가는 사람이기 때문입니다. 참 소망이 무엇인지를 말하며, 증언하며, 이 땅에서 영생의 삶을 나타내야 합니다. 성도 여러분, 소망과 믿음은 항상 함께합니다. 서로 별개가 아닙니다. 믿음과 소망이 따로따로 놀면 지금 뭔가 잘못되었다는 것을 인지해야 합니다. 온전한 믿음은 항상 참 소망을 갖게 하며 확신하게 합니다. 그러므로 지금 내가 잘못된 소망에 끌려갔다면, 믿음이 잘못된 것입니다.

하나님의 사람인 종교개혁자 장 칼뱅은 소망과 믿음의 관계에 대해서 이렇게 기록하고 있습니다. "소망은 믿음이 성공적으로 출발하여 도중에 지치지 않고 최종목적지까지 잘 도착할 수 있도록 지탱해 준다. 한마디로, 소망은 믿음을 쉬지 않게 하고, 새롭게 하며, 회복시키므로 끈기 있게 활기를 북돋워 준다." 성도 여러분, 세상에서 승리하고 형통한 삶을 살아가는 길은 참 소망을 갖고, 그 소망에 일치하는 기도를 하며, 소망을 붙잡고, 소망의 증인으로 살아가는 것뿐입니다. 이것을 분명히 알아야 합니다.

하늘에 쌓아 둔 소망

오늘 성경말씀 5절에는 "하늘에 쌓아 둔 소망"이라는 하나님의 말씀이 기록되어 있습니다. "너희를 위하여 하늘에 쌓아 둔 소망으로." 이 말씀을 항상 묵상하며 오늘을 살아가시기 바랍니다. 하늘에 쌓아 둔 소망이라는 것은 하나님께서 행하신 일을 말합니다. 하나님의 역사입니다. 인간의 계획과 행동이 아닙니다. 하나님께서 하나님의 자녀를 위하여 행하신 소망을 말합니다. 이것을 우리는 하나님의 은혜라고 칭합니다. 그래서 하나님의 교회와 하나님의 자녀는 이 소망을 붙잡고, 인식하며, 기뻐하고 감사하며, 증언하며 오늘을 살아가는 것입니다. 성도의 소망은 땅에 있는 것이 아니요, 세상에 속한 것이 아닙니다. 하늘에 있다는 것을 명료하게 선언합니다. 이 세상에 내 소망이 있다면, 지금 믿음이 잘못된 것이요, 소망이 변질된 것입니다. 그것은 소원이지, 소망이 아닙니다. 그래서 골로새서 3장 1절과 2절은 더 분명하고 구체적으로 설명합니다. "위의 것을 찾으라 … 위의 것을 생각하고 땅의 것을 생각하지 말라." 다시 말해서 이렇게 선언하는 것입니다. "소망의 사람으로 살아라. 소망 중심의 생각과 방식으로 살아라. 이전 방식을 버려라. 소원과 희망, 꿈은 다 헛된 것이다. 버려라. 오직 소망으로 오늘을 살아라." 그리고 하늘에 쌓아 둔 소망을 분별할 수 있게 하는 것은 하나님의 말씀입니다. 그러므로 인간의 소원과 희망은 아무리 선한 것이라 할지라도 소망이 아닙니다. 세상이 꿈꾸는 유토피아가 아닙니다. 이러한 것은 인간의 소원일 뿐입니다.

본문 5절은 이렇게 기록합니다. "너희를 위하여 하늘에 쌓아 둔 소망으로 말미암음이니 곧 너희가 전에 복음 진리의 말씀을 들은 것이라." 오직 복음 진리의 말씀을 듣고 믿음으로 나타난 것이 참 소망임을 선언하고 있습니다. 성도 여러분, 복음은 곧 소망입니다. 복음 진리 안에 소망이 있습니다. 그

외의 것은 인간의 희망과 기대와 꿈입니다. 이것을 분별해야 합니다. 그래서 골로새서 1장 23절에는 "복음의 소망"이라는 하나님의 언어가 기록되어 있습니다. 복음의 소망, 여기에 집중해야 합니다. 성도 여러분, 복음이란 하나님의 계획과 실천과 뜻을 말합니다. 인간의 뜻과 계획과 실천이 아닙니다. 그 차원에 있는 것은 소원과 꿈과 비전일 뿐입니다. 성도 여러분은 복음의 소망을 붙잡고, 소망 안에서 기도하며, 소망을 갈망하며, 소망 중심의 삶을 살아가십니까? 매일매일 자신을 점검해 나가야 합니다.

이 말씀이 주어진 상황은 골로새 교회에 큰 문제가 생겼을 때입니다. 복음 위에 세워진 교회가 흔들거립니다. 위기를 맞았고, 그 교회가 부패해 가고 있습니다. 이 문제의 답으로 준 것입니다. 왜 하나님의 교회가 이렇게 흔들거리며 잘못되어 가고 있는 것입니까? 먼저는, 복음이 왜곡되었기 때문입니다. 그래서 복음 진리의 말씀이 성경으로 기록됩니다. 둘째는, 소망이 변질되었기 때문입니다. 소망과 소원을 분별하지 못하고 함께 사용하며, 소망을 왜곡하고 있는 것입니다. 잘못된 신앙생활을 하고 있는 것입니다. 그래서 성경은 "하늘에 쌓아 둔 소망"이라는 말씀을 기록하고 있습니다. 다시 한번 생각해 보십시오. 골로새 교인들은 하나님께 영광을 돌리며,

그 많은 핍박에도 오로지 하나님의 사람으로 살기를 갈망했습니다. 열심을 냈고, 기도하고, 성경공부하고, 전도하지만, 지금 잘못되어 가고 있는 것입니다. 왜요? 복음이 왜곡되었기 때문입니다. 그러면 믿음이 변질됩니다. 소망이 잘못되었습니다. 그러면 옛사람의 본성에 붙들려 살아가는 한갓 종교생활일 뿐입니다. 오늘도 마찬가지입니다. 하나님의 일을 하고, 하나님께 영광을 돌리고, 남은 인생을 정말 하나님의 일에 힘을 쓴다고 하지만, 복음이 왜곡되고 소망이 잘못되면 종교생활입니다. 세상의 선한 종교인과 다를 바가 없습니다.

성도 여러분, 역사에서 주는 교훈을 항상 기억해야 합니다. 성경 전체는 따지고 보면 아브라함의 자손, 유대인, 하나님의 백성으로 부르심을 받은 그들에 관한 이야기로 가득 차 있습니다. 그들은 하나님을 믿었고, 하나님께 영광이 되는 삶을 지향했습니다. 성경을 연구하고, 깊이 묵상하고, 가르치고, 성경말씀에 순종하려고 새로운 문화를 만들고 독특한 방식으로 살았습니다. 그래서 그들의 신앙을 한마디로 '메시아 대망 사상'이라고 합니다. 메시아를 기대하고 오시기를 정말 간절히 사모한 것입니다. 그런데 하나님이 보시기에 그들은 메시아가 아니라, 메시아의 시대에 더 관심이 많아서 결국 메시아가 오셨으나 알아보지 못하고 죽이게 됩니다. 결국 메시아가 오셔서 이스라엘이 회복하고 번영하여 세계를 통치하고, 이스라엘 백성이 행복하고 안정되며 즐거운 삶을 살아가는 것이 목적이었습니다. 소망이 아니라, 소원에 집착한 것입니다. 결국은 그들 모두가 구원받지 못합니다. 성경에 기록되어 있고, 역사에서 말해줍니다.

둘째 교훈은 가톨릭교회입니다. 가톨릭교회는 한마디로 기독교제국을 만드는 것이 목표입니다. 따지고 보면 선한 것입니다. 온 세상 사람들이 하나님께 돌아와 하나님께 순종하고, 하나님의 말씀을 묵상하고, 하나님께 영광 돌리는 삶을 살아가는 것입니다. 모든 문화와 정치제도가 기독교화 되는 것입니다. 기독교제국을 만들기를 힘씁니다. 그런데 그건 하나님의 뜻이 아닙니다. 하나님의 행동도 아닙니다. 하나님의 약속을 근거로 한 것도 아닙니다. 성경을 왜곡한 것입니다. 한마디로, 소망이 잘못되었습니다. 소망과 소원을 착각하고 있는 것입니다. 결국은 심판받게 됩니다. 오늘날 개신교도 똑같은 위기에 처해 있습니다. 문제를 알지만, 문제의 원인을 모릅니다. 해결책을 모릅니다. 그래서 골로새서가 기록됩니다. 복음으로 돌아가야 합니다. 복음 진리에 집중해야 합니다. 그리고 복음 소망을 붙들고 오늘을 살아가야 합니다. 복음과 소망 안에서 하나 될 때 비로소 교회가 교회 되고, 그리스도인이 권세 있는 삶을 살아가게 되는 것입니다.

성도 여러분, 하나님의 자녀는 항상 하나님의 복음을 묵상하며 살아가야 합니다. 그것이 거듭났다는 것입니다. 왜요? 복음이 아니고는 하나님의 자녀가 될 수 없는 사람이기 때문입니다. 복음은 왜 소망이 중요한지, 왜 소망 중심의 삶을 살아가야 하는지 명백하게 밝혀 주고 있습니다. 복음 진리 안에 그 원인과 해결책이 나타나 있습니다. 생각해 보십시오. 먼저, 복음은 명료하게 선언합니다. "세상은 어둠이다. 세상을 본받지 말라." 그런데 계속 유토피아를 원하는 것입니다. 심지어 그리스도인도 더 나은 세상, 더 잘사는 세상, 더 복된 세상, 더 번영한 세상을 원합니다. 그래서 "바쁘게, 열심히"를 외칩니다. 그래서 허탄한 인생을 고백하며, 하나님을 추상화합니다. 분명 성경은 선언합니다. "세상은 죄의 권세 아래 있다. 모든 사람이 죄인이다. 사탄의 영향력 속에 있다. 이 죄의 문제를 해결하지 않으면, 다만 어둠의 상태로 멸망할 것이고 심판받을 것이다." 이 세상은 인간중심의 세상으로 변질되었습니다. 하나님 중심이 아닙니다. 그러기에 소망을 하나님께 두어야 하는 것입니다. 그리고 성경은 이 세상에서 사는 동안 항상 고통이 있고, 질병이 있고, 재난이 있고, 환난이 있고, 시련이 있을 것을 명백하게 말씀합니다. 전쟁, 재난, 질병, 고통을 예수님도 말씀하셨습니다. "너희가 항상 환난을 당할 것이다. 그러나 두려워하지 말라." 결국 세상에 소망을 두는 것은 어리석은 일입니다. 복음 진리는 명백하게 현실을 바라보도록 우리에게 말씀해 줍니다. 그래서 하늘에 소망을 두어야 하는 것입니다.

또한 구원은 세상으로부터 구원받는 것입니다. 그런데 구원받은 사람이 세상을 사랑하고, 세상에서 주인공이 되기를 바라고, 세상에 소망을 둡니다. 그것은 불신앙입니다. 세상에 속한 것입니다. 구원받지 못한 것입니다. 또 하나님의 자녀에게 하나님께서 영생을 주셨습니다. 영생의 삶을 살아가야 합니다. 그러기 위해서는 우리의 영혼이 날마다 새로워져야 합니다. 그 영혼이 날마다 새로워지려면 소망이 하나님께 있어야 합니다. 주일 예배 중에 자주 하는 선언입니다. "내 영혼아, 여호와를 찬양하라. 내 생전에 여호와를 찬양할지어다." 내 영혼이 새로워지려면 소망이 하나님께 있어야 합니다. 그 외에는 새 영혼을 부여받아도 계속 영혼을 죽이는 삶을 살아가게 됩니다. 승리의 삶을 살고자 하면 오직 하나님께 소망을 두어야 합니다. 특히, 예수소망교회 교인들은 '예수 소망'이라는 이름을 생각하십시오. 예수님만을 소망할 때 우리의 영혼이 살아나며 강건해집니다. 날마다 새로운 인생을 살아가게 됩니다. 그 외에는 답이 없습니다. 또한 하나님의 자녀는 천국의 상속자입니다. 성경은 명확하게 진술하고 있습니다. 하나님 나라의 상속자입니다. 천국 기업의 후사라고 하나님은 명령하셨고 실천하십니다. 그러기에 하나님의 자녀는 소망을 천국에 둡니다. 하늘에 둡니다. 하나님께 두는 것입니다. 이것이 마땅하고 당연한 것 아니겠습니까!

두려움을 이기는 소망

저명한 의사로 알려진 폴 투르니에의 일화입니다. 자신의 신앙 간증을 담은 책, 『귀를 밝으시는 하나님』(A Listening Ear)에서 신앙이 굳건해지게 된 경험을 자세히 고백하고 있습니다. 스위스 제네바에서 병원을 운영하던 투르니에는 하나님을 믿지 않았습니다. 기독교 가정에서 자랐고 부모님이 그리스도인이었지만, 정작 그는 받아들이지 않았습니다. 그런데 그의 아내는 독실한 그리스도인입니다. 그래서 아내가 복음을 전하고, 예수님의 십자가와 부활을 증언하고, 영생의 삶을 말했지만 여전히 받아들이지 않았습니다. 특별히 부활과 영생이라는 말에 거부감을 나타냈습니다. 그러던 어느 날, 이 부부가 그리스 여행을 하는 도중에 아내가 갑자기 심장병이

도져 쓰러져 죽게 됩니다. 자신이 의사였지만, 손쓸 겨를이 없었습니다. 그때 아내는 남편 손을 꼭 잡고 평화로운 표정으로 유언처럼 말했답니다. "오늘 천국에 도착하면 먼저 가 계신 당신 부모님을 만나 정말 즐거울 것입니다." 마치 잠깐 기차를 타고 고향에 가서 부모님을 만나는 것처럼 아무런 두려움 없이 평온한 목소리로 이렇게 말하는 것이었습니다. 아내의 천국에 대한 확신과 소망에 자신이 너무나 부끄러웠습니다. 큰 충격을 받았습니다. 아내는 그 말과 함께 숨을 거두었습니다. 그 순간으로부터 이 투르니에의 마음이 변화되어 예수님을 구주로 영접하며, 부활과 영생을 받아들이게 됩니다. 그리고 그는 고백합니다. "지금까지 따라다닌 모든 근심과 걱정에서 해방되는 놀라운 자유를 체험하였다." 이후에 그는 의학과 심리학과 영성을 통합한 목회상담가로 평생을 살아가게 됩니다. 투르니에는 이렇게 고백했습니다. "나는 아내와 육체로만 결혼하고 부부가 되었던 것이 아니라, 그녀의 소망과 믿음 속에서 한 몸이 되어 있었습니다."

성도 여러분, 예수님께서 십자가를 지시기 전날 밤에 요한복음 14장 1절에서 이렇게 말씀하십니다. "너희는 마음에 근심하지 말라." 지금 제자들이 두려움과 근심 속에 벌벌 떨고 있습니다. 예수님께서 당장 십자가를 지시고 죽음의 길로 가시며, 자기들을 떠난다고 하십니다. 세상은 온통 예수님과 제자들을 박해하고 있는 상황입니다. 두려움 속에, 절망 속에 근심하고 있었습니다. 그때 예수님께서 말씀하셨습니다. "근심하지 말라." 그러면서 이렇게 해결책을 주십니다. "하나님을 믿으니 또 나를 믿으라." 무슨 말씀입니까? 소망을 주신 것입니다. "하나님과 예수 그리스도 자체가 소망이다. 그 소망을 붙들어라. 소망의 능력으로 이 두려움과 절망에서 벗어날 수 있다." 이렇게 약속하신 것입니다. 그다음에 구체적으로 말씀하십니다. "내 아버지 집에 거할 곳이 많도다. 내가 너희를 위하여 처소를 예비하러 가노라. 그러니 두려워하지 말라. 근심하지 말라." 천국 소망을 주신 것입니다. 하나님 나라를 만드시고 다스리시는 분은 하나님이십니다. 하나님과 예수님은 하나님 나라에 계십니다. 그 천국을 소망으로 주신 것입니다. 이 복음의 소망을 십자가 지시기 전날까지 사랑하는 제자들에게, 모든 하나님의 자녀들에게 선물로 주셨습니다. 이 소망을 붙들고 우리는 승리할 수 있는 것입니다. 이 소망을 벗어나서는 그 누구도 하나님이 주신 복을 누릴 수도, 형통한 삶을 살아갈 수도, 승리할 수도 없습니다. 이 소망은 유토피아를 꿈꾸는 세계관을 철저하게 깨뜨립니다. 진실로 하나님의 자녀는 살아계신 하나님의 영광과 다스림과 통치가 있는 그 천국을 바라보고, 천국을 기뻐하며, 천국을 향하여 달려가는, 천국 진리에 순종하며 천국을 준비하는 인생을 살아가게 됩니다. 그리고 그 천국 소망을 자녀에게 유산으로 남겨주게 되는 것입니다. 이 목적이 구체화된 것이 에덴낙원입니다.

거듭난 그리스도인은 이제 소원, 희망, 꿈, 비전, 긍정적이고 낙관적인 태도, 이런 방식으로 살아가지 않습니다. 왜요? 거듭났기 때문입니다. 왜요? 내 안에 소망이 심겨 있기 때문입니다. 복음의 소망이 주어졌기 때문에 그 소망을 믿고, 붙잡고, 기도하며, 소망의 증인으로 오늘을 살아가게 됩니다. 성도 여러분, 어떻게 해야 소망 중심의 삶을 일관되게 살아갈 수 있습니까? 그 답이 오늘 성경에 기록됩니다. 복음에 집중해야 합니다. 복음 진리의 말씀을 항상 묵상해야 합니다. 5분을 하든, 10분을 하든, 1시간을 하든, 주어진 시간 안에서 항상 복음으로부터 출발해야 합니다. 그리고 복음으로 하루를 마치는 것입니다. 그럴 때 복음 안에 나타난 복음의 소망을 발견하며, 기뻐하며, 소망 안에서 기도하며, 소망 중심의 삶으로 승리하게 됩니다. 우리 안에 계시는 보혜사 성령께서 이 역사를 이루십니다. 성령은 항상 하나님의 자녀로 하여금 복음의 소망으로 인도하십니다. 그 소망 안에서 믿음으로 소망을 붙잡고 확신하며, 소망을 증언하며, 소망의 사람으로 날마다 새로워지게 하십니다. 세상을 이기는 인생, 날마다 승리하는 삶은 오직 믿음과 소망 중에 이루어지는 것입니다. 이 믿음과 소망 속에서 하나님의 사랑이 구체화하여 나타날 때 성취될 것입니다.

기도

창조주이시며 거룩하신 하나님 아버지, 오직 예수 그리스도를 나의 구주로 영접하여 하나님의 자녀 되었지만, 아직도 나의 소원과 희망과 꿈과 비전을 버리지 못하여 잘못된 신앙생활을 하며, 하나님의 영광을 나타내지 못하고, 이 세상 속에서 하나님이 주신 복을 누리지 못한 채 원망과 불평과 근심과 두려움 속에 살아가는 불신앙의 삶을 용서하여 주옵소서. 보혜사 성령이시여, 하나님의 자녀안에 계심을 믿음으로 확신하오니, 복음의 소망으로 날마다 인도하시고, 깨워주시어 이 소망을 붙잡고, 소망 중심의 삶에 합당한 권세 있는, 담대한 인생을 살도록 지켜주옵소서. 이 소망이 실종되고, 소망이 무엇인지도 모르는 이 세대를 향하여 복음의 증인으로 참 소망을 증언하며, 복음의 증인으로 날마다 하나님께 영광 돌리는 삶을 살아갈 수 있도록 함께하여 주옵소서. 우리 주 예수 그리스도의 이름으로 간절히 기도드리옵나이다. 아멘.

03

복음의 열매

우리가 너희를 위하여 기도할 때마다 하나님 곧 우리 주 예수 그리스도의 아버지께 감사하노라 이는 그리스도 예수 안에 너희의 믿음과 모든 성도에 대한 사랑을 들었음이요 너희를 위하여 하늘에 쌓아 둔 소망으로 말미암음이니 곧 너희가 전에 복음 진리의 말씀을 들은 것이라 이 복음이 이미 너희에게 이르매 너희가 듣고 참으로 하나님의 은혜를 깨달은 날부터 너희 중에서와 같이 또한 온 천하에서도 열매를 맺어 자라는도다 _골로새서 1:3-6

03
복음의 열매

 인도에서 평생을 선교했던 스탠리 존스 선교사님의 일화입니다. 어느 날 스탠리 존스 선교사님이 아무런 사역의 열매가 나타나지 않자 사기가 떨어져 곤고함에 사과나무 밑에 쓰러져 누워 있었습니다. 그때 나무 사이에서 "존스, 피곤하지. 지쳤니?"라는 내면의 소리를 듣게 되었습니다. 그래서 그는 대답했습니다. "예, 하나님. 지쳤습니다." 그의 대답에 이어 하나님의 음성이 들려왔습니다. "왜 지쳤니?" 그는 이렇게 대답했습니다. "제가 아무리 복음을 전해도 저들이 예수를 영접하지 않습니다. 저들에게는 열매가 없습니다." 그때 하나님은 낙심한 스탠리 존스 선교사에게 다음과 같은 말씀을 주셨고, 그것은 그가 평생 사역을 하도록 이끈 힘이 되었다고 합니다. "이 사과나무를 보아라. 지금은 열매가 없는 것 같으나, 뿌리가 땅에 묻혀 있고, 잎이 태양을 향해 펼쳐져 있으니 열매를 맺을 것이다. 마찬가지로, 채널이 나를 향해 맞춰져 있을 때는 언젠가 좋은 열매가 맺힐 것이다. 낙심하지 말라. 아름다운 열매가 맺힐 것이다." 깊이 생각해 보시기 바랍니다.

영적이고 내적인 복음의 열매

성도 여러분, 하나님의 복음은 모든 믿는 자에게 전인격적인 변화가 나타나도록 역사합니다. 이 사실을 항상 기억해야 합니다. 그 복음은 우리 안에서 영적으로 성장하며, 성숙하게 우리를 변화시키시며, 더 나아가 세상 속에서 오직 하나님께 영광 돌리는 승리의 삶을 살도록 인도하십니다. 이런 변화를 체험하지 못했다면, 지금 나는 잘못된 신앙생활을 하고 있는 것입니다. 처음으로 돌아가야 합니다. 하나님의 복음으로 다시 돌아가야 합니다. 복음 진리의 말씀으로 다시 돌아가야 합니다.

사도행전 2장에 보면, 하나님의 교회와 기독교가 어떻게 시작되었는지 자세히 기록되어 있습니다. 베드로를 통하여 하나님의 복음이 전파되었고, 동시에 성령의 역사가 나타납니다. 그 결과 3천 명의 거듭난 그리스도인이 나타납니다. 그들은 하나님의 복음을 듣고, 깨닫고, 믿음으로 그날로부터 거듭난, 완전히 다른 인생을 살아가게 되었습니다. 그 기록이 사도행전입니다. 오늘 성경말씀 6절에 "열매를 맺어 자라는도다"라는 말씀이 기록되어 있습니다. 이것은 복음의 열매입니다. 성도 여러분, 복음의 열매는 반드시 맺히는 것입니다. 나는 복음의 열매를 맺고, 체험하며, 그 열매의 증인으로 살아가십니까? 깊이 생각해야 합니다.

갈라디아서 5장 22절과 23절에 기록된 유명한 말씀이 있습니다. "오직 성령의 열매는 사랑과 희락과 화평과 오래 참음과 자비와 양선과 충성과 온유와 절제니 이같은 것을 금지할 법이 없느니라." 이 모두가 복음의 열매입니다. 이 열매를 맺어야, 맺고 살아가야, 그 체험이 있고서야 복음의 사람이요 거듭난 하나님의 사람이라고 말할 수 있습니다. 성도 여러분, 이 복음의 열매에 대해 오늘날 기독교 안팎에서 잘못된 오해를 하고, 잘못된 판단을 하는 사람이 너무나 많습니다. 최소한 세 가지를 우리는 기억해야 합니다. 먼저는 이 복음의 열매를 보이는 것으로 규정하는 것입니다. 외적인 기준으로 판단하는 것입니다. 그러니까 보이는 결과로써 복음의 열매를 생각하는 것입니다. 이것은 아주 잘못된 것입니다. 성령의 열매는 눈에 보이는 것이 아닙니다. 보이는 것에, 결과에 집착하면 자기 의에 끌리는 유혹을 받습니다. 그것을 성경은 '바리새인의 의'라고 말합니다. 눈에 보이는 어떤 행위주의, 결국 율법주의에 빠지고, 공로주의에 빠지게 됩니다. 그런 열매를 말하는 것이 아닙니다. 복음의 열매는 영적이고 내적인 것입니다. 어떤 결과를 말하는 것이 아니고, 과정 전체를 말하는 것입니다. 또한 복음의 열매는 도덕적인 삶이라고 말합니다. 도덕적인 삶은 좋은 것이지만, 그렇다고 그 자체가 성령의 열매인 것은 아닙니다. 우리 주변이나 역사 안에서 보면, 도덕적인 종교인들이 많습니다. 도덕적인 불신자들도 많습니다. 그렇다고 성령의 열매인 것은 아닙니다. 복음의 열매가 전혀 아닙니다. 그러므로 이 복음의 열매를 도덕적인 삶과 같은 것이라고 생각하면 안 됩니다. 아주 잘못된 것입니다. 또 하나는 은사에 집착합니다. 은사를 받아야 열매를 맺은 것이라고 생각합니다. "성령이시여, 은사를 주소서. 은사를 주소서." 이렇게 은사에 집착합니다. 물론 성령의 은사를 받아야 열매를 맺는 것이 확실하지만, 그렇다고 은사가 열매인 것은 아닙니다. 넓은 의미에서 보면, 성경은 모든 하나님의 자녀에게 성령께서 은사를 주셨다고 말씀합니다. 깊이 생각해 보면, 각자에게 주신 은사가 있습니다. 그렇다고 그 은사로 열매를 맺는 것은 아닙니다. 열매를 맺으려면 영적 변화가 나타나야 합니다. 영적 성장과 성숙이 있어야 그 과정에서 열매가 맺히는 것입니다. 이것을 분명히 분별해야 합니다.

그러므로 복음의 열매란 영적이고, 인격적이고, 내적인 것입니다. 평생토록 지속적인 열매를 맺는 것을 의미합니다. 이것은 과정이지, 한순간의 결과가 아니라는 것을 알아야 합니다. 그리고 복음의 열매는 오직 예수 그리스도 안에서 성령을 통하여 맺힙니다. 그러므로 성령 충만함을 받아야 함과 동시에 성령의 통제를 받아야 합니다. 이 부분을 항상 기억하시길 바랍니다. 성령의 통제를 받아서 자아가 통제되어야 합니다. 육신의 생각이 통제되어야 합니다. 나 중심의 삶이 통제되어야 합니다. 세상적인 관점이 통제되어야 열매를 맺지, 통제되지 않으면 열매 맺지 못합니다. 그리고 성령 충만함 속에 영의 생각으로 충만하고, 그리스도 중심으로 충만하고, 천국 진리로 충만해야 열매를 맺을 수 있습니다.

이런 이야기가 있습니다. 달팽이 한 마리가 열심히 앵두나무를 오르고 있었습니다. 그 나무 위에 있는 새들이 한심하다는 듯 달팽이에게 말합니다. "이 멍청한 녀석아, 이 위에는 앵두가 하나도 없는데, 왜 헛수고하니?" 달팽이가 대답했답니다. "걱정하지 마라. 내가 도착할 때쯤엔 앵두가 열릴 거야."
성도 여러분, 복음의 열매가 맺힌다는 것, 열린다는 것을 전혀 의심해서는 안 됩니다. 문제는 내가 복음의 열매를 맺고 있느냐 그렇지 못하느냐 하는 것입니다. 이걸 날마다 점검해 나가야 합니다. 거듭난 그리스도인에게는 반드시 성령의 열매, 복음의 열매가 맺히는 것입니다.

그리스도인이 맺는 복음의 열매

골로새 교회에 큰 위기가 닥쳐옵니다. 하나님의 교회로 복음 위에, 그리스도 안에 우뚝 섰지만, 시간이 지나가면서 복음과 소망이 변질됩니다. 그래서 열매를 맺지 못하게 된 것입니다. 비록 예배를 드리고, 찬송을 부르고, 성경공부를 하고, 봉사를 하고, 교제를 하고, 전도를 하지만, 가장 중요한 것은 복음의 열매를 맺어야 한다는 것입니다. 신앙의 열매가 있어야 하는데, 그 열매가 나타나지 않는 것입니다. 그래서 성령께서 사도 바울을 통하여 골로새서 서신을 기록하게 하십니다. 그리고 서두에서 열매의 중요성을 선포하고 있습니다.
성도 여러분, 언제부터 그리스도인은 열매를 맺습니까? 언제부터 정확하게 열매를 맺기 시작하는 것입니까? 그 질문에 대한 답이 오늘 성경말씀 6절에 이렇게 기록됩니다. "참으로 하나님의 은혜를 깨달은 날부터." 항상 기억하시고, 묵상하시길 바랍니다. 참으로 하나님의 은혜를 깨닫고, 믿음으로 열매가 맺히는 것입니다. 내가 무엇을 행해서가 아니고, 하나님의 은혜를 온전히 깨달은 날부터 은혜의 열매가 맺힙니다. 그런데 대충 좋은 말씀으로 생각합니다. 어림도 없는 이야기입니다. 참으로 하나님의 은혜를 깨달은 날부터 놀라운 복음의 열매가 맺히게 됩니다. 성도 여러분, 하나님의 복음, 예수 그리스도, 하나님 나라와 하나님의 의, 이 모든 것이 하나님의 은혜입니다. 천국의 소망, 구원에 이르는 믿음, 하나님의 사랑, 이 모두가 하나님의 은혜입니다. 십자가의 도, 부활, 영생, 거듭남, 하나님의 복, 수많은 하나님의 은총이 다 하나님의 은혜입니다. 이 은혜를 진실로 깨닫고 믿는 날, 그때부터 그 은혜가 내 안에 역사하여 열매를 맺게 됩니다. 다시 말해서, 그 은혜를 깨닫고 그 은혜에 합당한 삶을 살아갈 때 열매가 맺힙니다. 은혜의 열매요, 복음의 열매입니다. 그런데 은혜를 은혜로 알지 못합니다. 그 은혜의 깊이를 알지 못합니다. 그 은혜를 깨달았으나 망각했습니다. 그 은혜를 깨닫고 고백했으나, 그 은혜에 합당한 삶을 살아가지 않습니다. 그러면 열매 맺을 일이 없습니다. 열매 맺지 못합니다. 그렇기에 거듭난 그리스도인은 항상 은혜 중심의 삶을 살아갑니다.

예수소망교회를 개척하고 지금까지 교회의 정의를 신학적으로 이렇게 말씀드렸습니다. "교회는 은혜의 공동체다." 오직 은혜 받은 사람들, 은혜에 갈급한 사람들, 은혜를 체험하고 찬송하며 고백하고, 은혜를 묵상하고, 은혜를 구하는 무리가 모인 곳이 교회입니다. 옳고 그름의 정의를 논하는 데가 아닙니다. 그래서 항상 은혜를 묵상하고, 은혜에 감사하고, 은혜를 증언합니다. 그곳이 하나님의 교회입니다. 그래서 사도 바울과 같은 고백을 하게 됩니다. 고린도전서 15장 10절 말씀입니다. "내가 나 된 것은 하나님의 은혜로 된 것이니 … 나와 함께하신 하나님의 은혜로라." 사도 된 바울, 하나님의 자녀가 된 나, 이러한 오늘의 존재와 운명과 신분과 삶의 의미는 이 모든 것이 오직 하나님의 은혜라는 것을 깨달은 날부터 시작되었다는 것을 기억해야 합니다. 그럴 때 우리는 감사하고 찬양합니다. 그래서 항상 은혜를 갈망하며, 은혜를 구하는 것입니다. 그 은혜 없이는 하나님의 자녀로 살아갈 수 없음을 우리는 너무도 잘 알기 때문입니다.

성도 여러분, 복음의 열매는 하나님의 은혜로 말미암아 하나님의 뜻이 내게 이루어지는 것을 말합니다. 은혜 밖에서 나의 뜻, 나의 소원이 이루어지는 것이 아닙니다. 많은 사람이 복음의 열매를 자아 성취라고 생각합니다. 그래서 예수 믿고 나서 성공했고, 번성했고, 유명해졌고, 많은 공로를 세웠다고 말합니다. 그런데 이런 것들은 복음의 열매가 아닙니다. 그런 것들에 휘둘리지 마시길 바랍니다. 복음의 열매는 참으로 인격적인 것입니다. 영적인 것입니다. 하나님의 뜻이 내 안에 이루어지는 것입니다. 오늘날 현대인들, 불신자들 모두는 자아에 집중합니다. 자아 성취가 되어야만, 내 뜻대로 되어야만 행복하고 성공한 것이고, 의미 있는 인생이고, 기쁨이 있다고 말합니다. 이것은 가짜뉴스입니다. 예수 믿기 전에는 저도 몰랐습니다. 사탄이 뿌린 이런 가짜진리에 다 속습니다. 거짓된 신념을 갖고 살아갑니다. 자아가 건강하고 성취되어야 행복한 인생, 성공적인 인생을 살아간다고 믿습니다. 그래서 바쁘게 사는 것입니다. 자아 성취 때문입니다. 하지만 기독교와는 아무 관계가 없습니다. 복음의 열매가 아닙니다. 분별해야 합니다. 복음의 열매로 하나님의 뜻이 내 안에 이루어지기를 소원으로 삼기 시작합니다. 그리고 성취되는 것입니다. 복음의 열매는 하나님의 말씀이 내 안에 사건으로 이루어지기 시작하는 것입니다. 그래서 그리스도인의 기쁨과 소망과 사랑과 그 열매는 하나님의 뜻이 이루어짐 속에서 나타나기 시작하는 것입니다. 그때 우리는 승리의 삶을 체험하고 고백하게 됩니다.

거듭난 그리스도인의 표지들

성도 여러분, 이런 승리의 삶 속에서 우리 안에 나타나는 열매로서의 표지들이 있습니다. 수많은 것들이 성경에 기록되어 있지만, 골로새서는 오늘 본문에서 가장 중요한 몇 가지를 우리에게 보여주고 있습니다. 그 첫 번째가 감사입니다. 아무리 힘든 고통 중에도 하나님의 자녀는 감사합니다. 그 사람이 하나님의 자녀요, 열매 맺는 인생입니다. 하나님의 복음에 감사하고, 하나님의 은혜에 감사하고, 하나님의 역사에 감사합니다. 성경에 보면, "범사에 감사하라. 모든 상황에 감사하라. 이것은 하나님의 뜻이다"라고 기록되어 있습니다. 그 뜻이 내 안에 이루어지기 시작합니다. 매일매일 복음을 깊이 묵상해 보시기 바랍니다. 하나님의 은혜를 깊이 깨달아 보시기 바랍니다. 그러면 감사합니다. 어떤 상황에서도 감사합니다. 이것이 열매 맺은 표지입니다. 원망과 불평, 절망이 없습니다. 그 속에 있지만, 그러함에도 불구하고 감사하며 오늘을 살아갑니다. 왜요? 하나님의 은혜를 깨닫고 보니 세상이 달리 보입니다. 그 은혜 안에 있는 나의 존재를 다시 발견하게 됩니다. 또 하나의 표준은 믿음입니다. 삼위일체 하나님의 존재와 역사에 대한 믿음을 갖게 되어 있습니다. 보이지 않는 하나님의 역사지만, 알고, 믿고, 체험하게 됩니다. 하나님의 복음에 대한 굳센 믿음으로 오늘을 살아갑니다. 내 주변 사람들이 다 알게 됩니다. 그 믿음을 갖고 살아가는 것을, 그 믿음의 생각에 이끌려 고백하며 증언하는 것을 알게 됩니다. 그것이 믿음의 열매, 은혜의 열매를 맺는 과정입니다.

그리고 사랑입니다. 하나님의 사랑을 체험하게 되었습니다. 십자가에 나타난 하나님의 거룩한 사랑을 깨닫고 영접하게 되었습니다. 그래서 이제는 그 일의 증인으로 살아갑니다. 그 사랑을 받았기에 사랑을 주신 분을 사랑하게 됩니다. 오로지 하나님을 사랑하며, 이제 그 뜻을 따라 이웃을 사랑합니다. 먼저 성도 간의 사랑이 나타나기 시작합니다. 성도의 교제를 귀히 여기게 됩니다. 더 나아가, 그 사랑이 확장되어 불신자들을 사랑하게 됩니다. 그것이 열매로서의 표지입니다.

또한 소망이 나타납니다. 예수 믿기 전에는 나의 소원에 집착했습니다. 세상을 소망했습니다. 그런데 하나님의 은혜를 깨달은 날부터 복음을 깊이 묵상하다 보니 달라졌습니다. 소망 중에 삽니다. 하늘을 소망하고, 천국을 소망하고, 예수 그리스도를 소망하고, 오직 하나님만을 소망하며 살아갑니다. 소망 중심의 삶이 나타나게 되었습니다. 그것이 열매 맺는 삶의 과정이라는 것을 분명히 알아야 합니다.

  성도 여러분, 그러면 어떻게 해야 이처럼 성령의 열매를 맺으며 성령의 열매, 복음의 열매, 은혜의 열매를 맺는 삶을 살아갈 수 있겠습니까? 이러한 열매를 맺는 비결, 그 본질, 그 핵심을 분명히 알고 지켜나가야 합니다. 성경적으로 세 가지를 항상 생각하시기 바랍니다. 먼저 복음은 생명이고, 복음 자체가 생명력이라는 진리에 대한 믿음을 가져야 합니다. 복음은 세상에서 말하는 어떤 좋은 가르침이 아닙니다. 종교적 진리가 아닙니다. 복음 자체가 생명입니다. 그것을 우리는 영생이라고 말합니다. 살아계신 하나님의 생명이 내 안에 들어온 것입니다. 이전에는 전혀 그 생명이 없었습니다. 하나님의 형상을 잃어버렸습니다. 그런데 하나님의 생명이 내게 선물로 주어졌습니다. 그것을 성경은 영생이라고 합니다. 우리가 잘 아는 요한복음 3장 16절을 생각해 보시기 바랍니다. "그를 믿는 자마다, 예수 그리스도를 믿는 자마다 영생을 얻게 하려 하심이다." 이것이 복음의 진수입니다. 그런데 예수님과 복음을 안다고 하면서 이 영생을 안 믿는 것이 문제입니다. 거듭나기 전에는 육신의 생명으로 살았지만, 이제는 영생으로 살아가는 것입니다. 그 영생이 나를 끌어가는 것입니다. 예수님께서 씨 뿌리는 비유로 말씀하십니다. 씨는 생명입니다. 이것은 복음의 씨입니다. 그 자체에 생명력이 있습니다. 그래서 그것을 땅에 심고, 물을 주면 자라납니다. 열매를 맺습니다. 이와 같습니다. 우리 안에 있는 영생이 말씀 안에서 은혜를 깨달은 날부터 자라나는 것입니다. 그리고 열매를 맺게 되는 것입니다. 이 진리의 복음이 생명임을 항상 인식하고 응답하며 오늘을 살아가야 합니다.

그리고 또 하나, 성령께 삶을 의탁해야 합니다. 성령의 역사가 없으면 어느 누구도 열매를 맺지 못합니다. 이것은 성경 전체의 선포입니다. 성령의 충만함을 받아야 열매 맺고, 동시에 성령의 통제를 받아야 열매 맺습니다. 성령 충만을 받아 영의 생각으로 충만해지고, 성령의 통제를 받아 육의 생각이 죽어야 하는 것입니다. 자아가 죽어야 하는 것입니다. 인간의 본성은, 잘 아시는 것처럼 세상을 사랑합니다. 세상을 향하게 되어 있습니다. 그것이 타락한 본성입니다. 세상을 본받고 싶고, 세상에서 성공하고 싶고, 세상에서 즐기고 싶은 이 본성이 성령의 통제 안에 죽어야 하는 것입니다. 그렇지 않으면 어느 누구도 열매 맺지 못합니다. 동시에 인간의 본성은 자아 중심입니다. 나 중심입니다. 내 유익이 먼저요, 내 행복이 먼저요, 내 꿈이 먼저인 것입니다. 이것은 거스를 수 없는 욕구입니다. 어떻게 보면 자연스러운 것입니다. 그런데 이 모든 걸 죄의 본성이라고 합니다. 거기에는 하나님이 없습니다. 하나님의 형상이 없습니다. 그런 것이 성령의 통제 속에 점점 작아지고 없어져야 열매를 맺게 되는 것입니다.

무엇보다 중요한 것은 예수 그리스도 안에 연합해야 합니다. 그리스도를 본받으며, 그리스도를 따르는 삶을 살아가는 과정에서 열매를 맺게 됩니다. 요한복음 15장에서 예수님께서는 유명한 말씀을 하십니다. "나는 포도나무요 너희는 가지다." 포도나무 비유입니다. 4절에서 말씀하십니다. "내 안에 거하라." 하나의 은유적인 말씀이지만, 그 안에 메시지가 있습니다. 내 안에 거하라는 것은 그리스도 안에 연합하라는 것입니다. 마치 가지가 나무에 붙어 있는 것처럼 말이지요. 그래야 열매를 맺습니다. 그런데 가지가 나무에서 떨어지면 그 가지는 죽어가는 것입니다. 이와 같이 "너희는 가지요, 나는 포도나무다. 내 안에 거하라. 그래야 열매를 맺고, 많은 열매를 맺어야 하나님께 영광 돌리느니라"라고 말씀하십니다. 그리고 5절에서는 이렇게 말씀하십니다. "나를 떠나서는 너희가 아무것도 할 수 없느니라." 이것을 잊어서는 안 됩니다. "나를 떠나서는 아무것도 할 수 없느니라." 이 말씀이 아멘으로 고백되고 체험되는 순간, 세상은 작아지고 자아는 없어지는 것입니다. 그 속에서 열매를 맺게 됩니다.

복음의 증인으로 열매 맺는 삶

19세기 최고의 시인인 롱펠로우의 유명한 신앙고백을 전해드리겠습니다. 이분은 예술가로서는 큰 성공을 거두었지만, 한 가정의 가장으로서는 온갖 쓰라린 아픔을 견디며 살아야했습니다. 훗날 임종이 가까웠을 때 한 기자가 찾아와 물었습니다. "선생님은 두 부인과 사별하는 아픔뿐 아니라, 수많은 고통을 겪으며 살아오신 것을 우리가 잘 알고 있습니다. 그런 어려운 환경 속에서 어떻게 그렇게 아름다운 시를 쓸 수 있었습니까?" 롱펠로우가 정원에 있는 사과나무를 가리키며 자신의 신앙을 이렇게 고백합니다. "저 나무가 내 스승이었네. 저 사과나무는 몹시 늙었지만, 해마다 꽃을 피우고 열매를 맺더군. 그리고 옛 가지에서 새 가지가 나오기도 하고. 이와 마찬가지로 나는 생명이신 예수님으로부터 날마다 새 생명을 공급받아 왔지. 그리하여 매년 예술의 새로운 꽃을 피우고, 열매를 맺으며 살아왔던 걸세."

성도 여러분, 이 서신서를 기록한 위대한 하나님의 사람,

사도 바울을 기억하십시오. 그분은 지금 서신서를 쓰면서 로마 감옥에 갇혀 있습니다. 이것은 옥중서신입니다. 수많은 고통을 받았습니다. 복음을 전파한 이유로 매를 맞고, 차디찬 감옥에서 큰 고통과 역경 속에 있었습니다. 언제 죽을지 모르는 죽음의 위기 속에 있었습니다. 그러나 그는 그 속에서조차 열매를 맺습니다. 감사합니다. 서신서 처음에서부터 감사합니다. "하나님께 감사하노라!" 감사할 수 없는 상황이지만, 감사하는 것입니다. 원망, 불평, 근심, 두려움, 절망이 당연한 그 속에서 그는 감사하고 성령 충만한 가운데 열매 맺으며 이 서신서를 기록합니다. 또한 복음 진리의 말씀에 대한 굳센 믿음으로 그 어떤 것에도 흔들리지 않고 믿음의 열매를 맺으며, 이 편지를 기록한 것입니다. 그리고 그는 하나님의 사랑으로 충만하여 감사하며, 지금 역경의 순간에서조차도 교회를 사랑하며, 성도를 사랑하며, 위하여 기도하며, 편지를 기록하고 있습니다. 한마디로 하나님의 은혜를 깨달음으로 감옥에서 복음의 증인이 되어 놀라운 열매를 맺는 삶의 본이 되고 있는 것입니다.

성도 여러분, 복음의 증인으로 살아감으로 복음의 열매를 맺을 수 있다는 사실을 항상 기억해야 할 것입니다. 이 골로새 교회는 에바브라가 세운 교회로 성경에 기록됩니다. 사도 바울이 그에게 복음을 전했는데, 누가 시키지도 않았지만 복음을 전하고 싶어서 골로새까지 가서 복음을 전했습니다. 그때 성령의 역사로 말미암아 몇몇 믿는 사람들이 생겼고, 그리고 그들이 함께 모여 골로새 교회가 세워진 것입니다. 위대한 복음의 열매입니다. 하나님의 사람 스데반을 기억해 보십시오. 돌에 맞아 순교하는 순간까지도 복음의 열매를 맺습니다. 복음의 증인으로 악인들을 용서하고 위하여 기도하며, 오직 하나님께 영광 돌리는 승리의 삶을 살아가게 됩니다. 성도 여러분, 그러므로 내가 하나님의 자녀거든, 구원의 확신이 있거든 매일매일 생각해야 합니다. 매일매일 체크해 나가야 합니다. 나는 오늘 복음의 증인으로 살아가는지, 동시에 나는 오늘 복음의 열매를 맺고 있는지 말이지요. 우리 안에 계신 보혜사 성령께서 하나님의 자녀안에서 역사하십니다. 복음의 증인으로 살며, 복음의 열매를 맺으며, 하나님께 영광 돌리는 형통한 삶을 살도록 역사하십니다.

기도

창조주이시며 거룩하신 하나님 아버지, 오직 하나님의 은혜로 말미암아 믿음으로 하나님의 자녀가 되었지만, 아직도 그 은혜에 동참하지 못하고 그 은혜의 깨달음이 부족하여 때로는 그 은혜를 망각하며, 은혜가 은혜 되지 못하게 하는 삶을 나타내며, 하나님께 욕을 돌리며, 아직도 은혜 중심의 삶을 살아가지 못하는 열매 맺지 못한 인생을 불쌍히 여겨주옵소서. 복음의 역사는 항상 복음의 열매를 맺음을 확신하며, 기억하며, 하나님의 복음을 깊이 묵상하고 참으로 그 은혜를 깨달음으로 놀라운 복음의 열매가 맺혀짐을 체험하며, 갈망하며, 고백하는 형통한 삶을 살아갈 수 있도록 지켜주옵소서. 보혜사 성령이시여, 항상 성령께 삶을 의탁하여 성령 충만함과 절제 속에서 새로운 인생, 하나님의 자녀다운 인생, 날마다 열매 맺는 인생으로 승리할 수 있도록 지켜주옵소서. 우리 주 예수 그리스도의 이름으로 간절히 기도드리옵나이다. 아멘.

04

복음의 능력

이로써 우리도 듣던 날부터 너희를 위하여 기도하기를 그치지 아니하고 구하노니 너희로 하여금 모든 신령한 지혜와 총명에 하나님의 뜻을 아는 것으로 채우게 하시고 주께 합당하게 행하여 범사에 기쁘시게 하고 모든 선한 일에 열매를 맺게 하시며 하나님을 아는 것에 자라게 하시고 그의 영광의 힘을 따라 모든 능력으로 능하게 하시며 기쁨으로 모든 견딤과 오래 참음에 이르게 하시고 우리로 하여금 빛 가운데서 성도의 기업의 부분을 얻기에 합당하게 하신 아버지께 감사하게 하시기를 원하노라 _골로새서 1:9-12

04
복음의 능력

한 영업사원이 고객 집을 방문해 대화하고 있었습니다. 그런데 그 집 어린아이가 말을 걸어왔습니다. "아저씨, 나 새 자전거 샀어요. 이리 와 보세요." 꼬마 손에 이끌려 집 뒷마당에 가보니, 번쩍거리는 두발자전거가 보였습니다. "와! 정말 예쁜 자전거구나. 이거 네 거니? 그런데 너 이 자전거 탈 수 있겠어?" 이렇게 묻자, 아이가 대답했습니다. "그럼요. 탈 수 있어요. 그런데 이 자전거 고장 났어요." 그 말에 자전거를 유심히 살펴보았지만, 특별히 문제가 없었습니다. "얘야, 뭐가 고장 났다는 거야? 전혀 문제없는 것 같은데?" 하며 다시 묻자, 아이는 고개를 갸우뚱하며 대답했습니다. "나도 몰라요. 하지만 이 자전거는 내가 타기만 하면 넘어져요."

성도 여러분, 하나님의 복음을 듣고 믿은 하나님의 자녀에게 복음의 열매가 맺히지 않는 것은 복음의 문제가 아니라, 나의 문제임을 항상 기억해야 합니다. 내가 거듭난 그리스도인임에도 불구하고 복음의 증인으로 살지 못하고, 성령의 열매를 맺지 못하는 것은 하나님의 문제가 아니라 나의 문제입니다. 내게 문제가 있는 것입니다. 최소한 두 가지 문제가 있습니다. 첫째가 복음에 대한 무지요, 둘째가 온전한 믿음의 부재입니다.

하나님의 능력인 복음

태어날 때부터 소경이 된 아이가 있었습니다. 이 아이는 자연의 아름다움을 볼 수 없었기에 어머니가 그 아름다움을 아이한테 최대한 잘 설명해 주려고 무척 애썼습니다. 그러다가 어느 날, 어머니는 안과수술로 명성 있는 의사를 소개받아 아이를 데려가 수술을 받도록 했습니다. 마침내 수술이 성공적으로 끝나 아이가 눈을 뜨게 되고, 앞을 볼 수 있게 되었습니다. 이제 아이는 어머니의 얼굴도 보고, 자연의 아름다운 광경을 보게 되었습니다. 아이는 엄마에게 달려가 안기며 이렇게 말했습니다. "엄마, 이렇게 아름다운 세상이 있다는 걸, 이런 세상에 살고 있다는 걸 왜 진작 말씀해 주지 않으셨어요?" 그러자 어머니는 감사의 눈물을 흘리며 말했습니다. "얘야, 너에게 수없이 반복해서 설명해 주었지만 네가 그것을 느끼지 못했기 때문이란다." 성도 여러분, 나는 복음의 소망을 확신하며, 느끼며 살아가고 있습니까? 나는 복음의 영광을 생각하며, 갈망하며, 기뻐하며 살아가고 있습니까? 나는 복음의 능력을 깨닫고, 체험하며, 증언하며 살아가고 있습니까?

성도 여러분, 복음은 하나님의 능력입니다. 그대로 믿어야 합니다. 그래서 로마서 1장 16절에서는 "이 복음은 모든 믿는 자에게 구원을 주시는 하나님의 능력이 됨이라" 선포하고 있습니다. 하나님의 능력을 깨닫고 체험해야 그 능력에 따라 우리는 승리하며 살아갈 수 있는 것입니다. 복음은 하나님의 계획이요, 뜻이요, 행동입니다. 복음은 인간의 계획과 행동과 뜻을 의미하는 것이 아닙니다. 항상 분별해야 합니다. 복음 안에 하나님의 능력이 계시되었고, 약속되었고, 나타났습니다. 그 복음의 능력을 깨닫고 체험해야만 우리는 이 땅에서 하나님의 뜻을 분별하며, 하나님께 영광 돌리며 형통한 삶을 살아갈 수 있는 것입니다. 하나님의 사람 마틴 로이드 존스 목사님의 유명한 선언입니다. "궁극적으로 기독교란 삶 자체이며, 힘과 능력을 보여주는 것이다. 살아계신 하나님께서 우리 안에 계시다는 사실을 깨달을 때 더욱 거대한 주의 능력을 실감하게 된다." 깊이 생각해 보시기 바랍니다.

 오늘날 모든 그리스도인은 요한복음 3장 16절이 복음의 진수인 것을 알고 살아갑니다. "하나님이 세상을 이처럼 사랑하사 독생자를 주셨으니 이는 그를 믿는 자마다 멸망하지 않고 영생을 얻게 하려 하심이라." 이 말씀을 알고 복음이라고 하면서도 실제로는 복음의 능력을 체험하지 못하고, 복음에 대한 분별력을 잃어버린 채 살아가는 사람이 너무나 많습니다. 참으로 유감입니다. 그래서 그리스도를 본받고 따르기 위해서 제자훈련을 받아야 구원받는다고 생각합니다. 전도 많이 하고, 봉사 많이 하고, 선교 많이 하고, 구제 많이 해야 복음의 열매를 맺고 구원에 이른다고 말하는데, 새빨간 거짓말입니다. "하나님이 독생자를 보내셨다. 하나님께서 그를 믿는 자에게 영생을 주셨다." 이것이 복음입니다. 하나님만이 행하실 수 있는 것, 그것이 진정한 복음이요, 복음의 능력입니다. 이 복음을 그대로 믿어야 합니다. 온전히 믿어야 합니다. 항상 믿고 생각하며 살아가야 합니다. 100퍼센트의 믿음이어야 합니다. 그리스도를 본받으며 따르려는 것은 참으로 훌륭한 인생이지만, 그건 나의 행동이요 나의 능력입니다. 그것으로는 하나님의 뜻에 합당한 삶을 살아갈 수 없습니다. 우리는 언제나 부족하고 연약하며 미련한 죄인이기 때문입니다. 그리스도를 따르고 본받는 것은 복음의 응답입니다. 하나님의 은혜에 합당한 믿음의 결과인 것입니다.

예수님께서 마가복음 10장 15절에서 말씀하십니다. "내가 진실로 너희에게 이르노니 누구든지 하나님의 나라를 어린 아이와 같이 받들지 않는 자는 결단코 그곳에 들어가지 못하리라." 참으로 유명한 말씀입니다. 천국에 들어가는 길은 어린 아이와 같은 믿음을 가져야 한다는 것입니다. 그것뿐입니다. 어린이 같은(childish) 믿음이 아닙니다. 이런 믿음은 미성숙한 믿음입니다. 온전한 믿음이 아닙니다. "어린 아이와 같이" 그대로 받아들이는 것입니다. 다 알지 못하지만, 그럼에도 부모님이 말씀하니까 어린 아이들은 그대로 믿습니다. 그 믿음을 얘기하는 것입니다. 어린 아이와 같은 순종의 믿음, 그 믿음으로 우리는 구원받는 것입니다. 천국에 들어가는 것입니다. 그러므로 복음을 믿고 복음 안에 나타난 하나님의 능력을 믿음으로 그 능력을 깨닫고, 체험하며, 삶의 변화가 나타납니다. 복음의 열매를 맺는 승리의 삶을 살아가게 되는 것입니다.

하나님의 뜻을 깨닫게 하는 복음

오늘 성경말씀은 사도 바울의 기도입니다. 그런데 이 기도가 하나님의 말씀으로 기록된 데에는 두 가지 목적이 있습니다. 첫째는 이와 같이 기도하라는 것입니다. 중언부언하는 잘못된 기도를 하지 말고, 그리스도 안에서 복음의 기도를 하라는 것입니다. 기도의 본을 보여주는 목적이 있습니다. 두 번째는 더 중요한 것입니다. 지금 이 기도를 통해서 복음의 능력을 깨닫게 하시기 위함입니다. 하나님이 행하시는 일과 능력이 무엇인지, 그것이 어떻게 구체적으로 내게 임하는 것인지, 그 능력을 깨닫게 하시려고 이 기도를 성경말씀으로 기록되게 하신 것입니다.

골로새 교회는 복음 위에 세워졌고 예수 그리스도 안에서 세워졌지만, 시간이 지나가면서 잘못된 복음이 전파되고 소망이 잘못되면서 큰 영적 위기를 맞게 됩니다. 특별히 기도가 잘못됐습니다. 더 나아가 복음의 능력이 무엇인지 모르고 체험하지도 못했습니다. 그러니 잘못된 신앙 가운데 살 수밖에 없습니다. 복음의 열매도 맺지 못하고, 스스로는 "나는 하나님의 사람입니다. 하나님의 종입니다"라고 말할지 모르지만, 실제와는 거리가 멉니다. 하나님이 보시기에는 전혀 아닙니다. 그래서 성령 충만한 가운데 사도 바울을 통하여 골로새서가 기록된 것입니다. 오늘 우리에게 주시는 하나님의 말씀입니다.

먼저, 복음의 능력이 무엇인지, 이 질문의 답이 성경에 기록됩니다. 그것은 하나님의 뜻을 깨닫는 것입니다. 그래서 9절에서 말씀합니다. "너희로 하여금 모든 신령한 지혜와 총명에 하나님의 뜻을 아는 것으로 채우게 하시고." 하나님의 뜻을 아는 것으로 충만하게 되는 것은 복음의 능력으로 되는 것입니다. 인간의 지혜와 능력과 열심으로 되는 것이 아닙니다. 성도 여러분, 오직 예수 그리스도 안에서 성령을 통하여 하나님의 능력으로, 복음의 능력으로 되는 것임을 알아야 합니다. 그 안에서만 하나님의 뜻을 명백하게 깨달을 수 있습니다. 로마서 12장 2절 말씀은 제가 예수소망교회를 세우고서 여러 번 설교했습니다. 항상 암송하고, 적어도 예수소망교회 성도는 항상 그 말씀을 묵상하면서 살기를 바랍니다. 복음으로 의롭게 된 하나님의 자녀가 첫 번째 해야 할 일이 바로 그것입니다. 하나님의 뜻을 분별해야 합니다. "하나님의 선하시고 기뻐하시고 온전하신 뜻을 분별하라." 이것이 첫 번째입니다. 하나님의 뜻을 온전히 분별하지 못하면 잘못된 신앙생활을 할 수밖에 없습니다.

몇 년 전에 스스로 기독교라 칭하는 가톨릭에서 프란치스코 교황이 선언하고 공식적으로 서명한 것이 뉴스에 나왔습니다. "종교다원주의는 하나님의 뜻이다." 참으로 믿을 수 없는 얘기입니다. 스스로 하나님의 종이라고 말하면서, "종교다원주의가 하나님의 뜻이다. 화평을 위하여, 화합을 위하여 종교다원주의는 하나님의 뜻이다"라고 했는데, 이것이 말이 됩니까? 그 사람은 훌륭한 휴머니스트이지, 하나님의 종이 아닙니다. 한 종교의 지도자일 뿐이지, 하나님의 사람이 아닙니다. 어떻게 종교가 하나님의 뜻이겠습니까? 모든 종교는 인간이 만든 것이요 어둠의 결과일 뿐인데, 도대체 성경을 어떻게 읽기에 그런 말을 하는지 참으로 답답합니다.

그런가 하면 흔히 세상에서 기독교라고 하면 가톨릭, 정교, 그리고 개신교를 얘기하는데, 러시아 정교의 대주교는 교황과 같은 위치에 있는 사람입니다. 그가 하는 말은 단지 개인의 이야기가 아닙니다. 교황이나 대주교의 이야기는 모든 사제와 추기경이 동의하는 내용이 선포되는 것입니다. 그런데 러시아가 우크라이나를 침공한 것을 놓고 "하나님의 뜻이다. 이것은 하나님의 거룩한 전쟁이다"라는 말을 하고도 스스로 하나님의 종이라고 합니다. 너무나 충격적입니다. 그는 한낱 종교의 지도자일 뿐입니다.

성도 여러분, 하나님의 뜻을 분별하는 것은 결코 쉬운 일이 아닙니다. 어떤 책임을 지고 있는 자리에서나 세상과 깊이 관계된 현장에서는 더욱더 깨닫기 어렵습니다. 오직 복음의 능력으로만 하나님의 뜻을 분별하게 됩니다. 오늘날 개신교에도 이런 일이 많습니다. 한국에도 보면 좌파나 우파, 보수나 진보로 나뉘어서 자기 편이 하나님의 뜻이라고 말하는 목회자와 그리스도인이 얼마나 많은지 모릅니다. 아닙니다. 그것은 하나님의 뜻이 아닙니다. 마태복음 7장 21절에 예수님께서 산상수훈의 결론으로 말씀하십니다. "나더러 주여 주여 하는 자마다 다 천국에 들어갈 것이 아니요 다만 하늘에 계신 내 아버지의 뜻대로 행하는 자라야 들어가리라." "선지자 노릇 해도 안 되고, 귀신을 많이 쫓아내도 안 되고, 많은 능력을 행하는 자라도 천국에 들어가지 못하느니라." 강하게 경고하십니다. 성도 여러분, 나는 하나님의 뜻을 분별하며, 그 뜻에 순종하며 오늘을 살아가십니까? 깊이 생각해야 합니다.

하나님의 사람 조지 트루엣 목사님의 유명한 선언입니다. "인간이 가질 수 있는 가장 위대한 지식은 하나님의 뜻을 아는 것이며, 인간이 행할 수 있는 가장 위대한 업적은 하나님의 뜻을 행하는 것이다." 하나님이 보시기에 그렇습니다. 거듭난 그리스도인이 보기에 그렇습니다. 가장 위대한 지식은 하나님의 뜻을 아는 것이며, 가장 위대한 업적은 하나님의 뜻을 행하는 것임을 의심하지 말아야 합니다. 성도 여러분, 오직 복음 안에서만 하나님의 뜻을 분별할 수 있습니다. 오직 예수 그리스도 안에서만 가능합니다. 왜냐하면, 예수 그리스도만이 유일한 하나님의 계시자이기 때문입니다. 그것이 복음입니다. 이 복음의 능력, 그 안에서만 하나님의 뜻을 분별할 수 있기에 사도 바울은 성령 충만하여 그걸 기도하는 것입니다. "하나님의 뜻을 충만히 분별케 하소서. 오직 복음의 능력으로 되는 것임을 깨닫게 하소서. 오직 하나님의 능력으로만 가능한 일임을 알고, 이 일이 성도들 안에 나타나게 하소서." 그것을 기록하고 있는 것입니다.

복음의 능력을 체험하며 사는 삶

그리고 더 나아가 오늘 성경말씀은 10절에서 이렇게 기록합니다. "주께 합당하게 행하여." 무슨 뜻입니까? 주님의 뜻을 알아서 그 뜻에 순종해야 하는데, 그 뜻에 합당한 인생을 살아야 하는데, 이것이 안 되는 것입니다. 우리 모두의 현실 아닙니까? 그래서 그것을 가능하게 하는 길을 기도하고 있습니다. 그것은 오직 복음의 능력으로만 가능한 것입니다. 저나 여러분이나 얼마나 많이 씨름하고 있습니까? 주님의 뜻대로 살기를 바라는 것이 명확해도, 내 힘과 내 능력과 내 열심과 내 지식으로는 안 됩니다. 되었다가도 곧 다시 실패합니다. 빨리 정리하시기 바랍니다. 오직 복음의 능력으로만 가능합니다. 그래서 성령께 날마다 기도합니다. "주님의 뜻을 알았는데, 이 뜻대로 살게 해주소서. 성령 충만함을 받아 복음의 능력으로 이것이 가능한 것을 압니다. 그 능력을 깨닫고 체험하여 주님의 뜻이 내 안에 이루어지게 하소서." 이렇게 기도하며 살아가는 사람이 하나님의 자녀입니다.

베드로를 한번 기억해 보시기 바랍니다. 예수님의 제자 중에서도 수석 제자입니다. 예수님과 3년을 함께했고, 많은 능력을 받아 능력을 행했고, 그리고 천국 복음을 많이 들었고 깨달음을 얻었습니다. 그런데 잘하다가 십자가 사건에 부딪치니까 다 무너지고 맙니다. 그리고 두려워서 부인하고 도망갑니다. 이제 예수님의 부활과 승천이 있고 나서 성령이 내려오셔서 성령을 받습니다. 그다음부터는 완전히 달라집니다. 누구도 두려워하지 않습니다. 왜요? 복음의 능력을 체험했기 때문입니다. 하나님의 뜻을 분별했기 때문입니다. 그 뜻에 합당한 삶을 살아갈 능력을 받았기 때문입니다. 그리고 결국 복음의 증인으로 순교합니다. 이것이 모든 그리스도인에게 허락된 복음의 능력임을 깨닫고, 갈망하며 오늘을 살아가야 합니다. 그래서 오늘 본문 10절은 이렇게 기록합니다. "주께 합당하게 행하여 범사에 기쁘시게 하고 모든 선한 일에 열매를 맺게 하시며 하나님을 아는 것에 자라게 하시고." 이 모든 것이 복음의 능력으로 되는 것입니다. 이것을 알아야 합니다.

그리고 11절에 더 앞선, 더 놀라운 기도가 기록됩니다. "그의 영광의 힘을 따라 모든 능력으로 능하게 하시며 기쁨으로 모든 견딤과 오래 참음에 이르게 하시고." 성도 여러분, "그의 영광의 힘을 따라 모든 능력으로." 여기서 멈추셔야 합니다. 이것은 무엇을 말합니까? 하나님으로부터 오는 하나님의 능력, 한마디로 복음의 능력을 선언한 것입니다. 그 복음의 능력이 있어야 하나님의 뜻을 분별하고, 그 뜻에 순종하며 승리할 수 있기에 더 구체적으로 선언합니다. 예수 그리스도의 모든 능력은 하나님으로부터 온 능력입니다. 예수님의 부활 승천은 하나님의 능력으로 된 것입니다. 그래서 성경은 강력한 힘이라고 말씀합니다. 세상에서 가장 강력한 힘과 능력, 이건 추상적인 것이 아닙니다. 실제임을 믿어야 합니다. 조금도 의심하면 안 됩니다. 어린이와 같이 그냥 믿으십시오. 그리고 붙잡으십시오. 성도 여러분, 성경 전체가 그 증거입니다. 천지창조는 하나님의 강력한 능력으로 된 것입니다. 그 능력이 없이 어떻게 천지창조가 이루어집니까? 인간을 창조하십니다. 하나님의 강력한 능력입니다. 성경에 기록된 모든 이적도 하나님의 강력한 능력입니다. 그리고 과거에 행하신 하나님의 능력이 있었다면, 그것이 참으로 확실하다면 지금도 또 미래에도 나타날 것입니다. 그런데 복음과 하나님을 믿는데, 그 능력과 강한 힘을 추상적으로 여깁니다. 참으로 어리석은 자요, 불신앙입니다. 오직 복음의 능력을 따라 기도하며, 갈망하며, 체험하며 살아가는 자가 거듭난 그리스도인입니다. 또한 거듭난 그리스도인에게만 능력이 허락되는 것입니다.

오늘 본문 11절에서 "능하게 하시며"라고 말씀합니다. 이것을 영어 성경에서 보면 strong으로 기록합니다. 강하게 하시며, 믿음으로 담대하게 하십니다. 성령의 능력으로 되는 것입니다. 또한 "기쁨과 모든 견딤과 오래 참음." 이것은 소망의 결과입니다. 복음의 능력으로 말미암아 이 소망의 열매가 맺히는 것입니다. 얼마나 감사한 일입니까! 그리고 12절에 가서는 최상의 복음, 복음의 목적이 기록되어 있습니다. 항상 묵상하며 살아가야 합니다. "우리로 하여금 빛 가운데에서 성도의 기업의 부분을 얻기에 합당하게 하신 아버지께 감사하게 하시기를 원하노라." "우리로 하여금 빛 가운데에서."

복음의 능력으로 되는 것입니다. 세상에 살지만, 세상에 속하지 않은 오직 예수 그리스도께 속한 자로 그리스도를 따르며, 본받으며, 그리스도와 연합한 자로 살아갈 때 경험하는 것입니다. 인간의 힘과 능력으로는 안 됩니다. 오직 복음의 능력으로, 강력한 하나님의 힘으로만 가능합니다. 이렇게 하시는 분이 살아계신 하나님이십니다. 복음의 능력입니다. 그것을 믿고 갈망하며, 체험하며 오늘을 살아야 합니다. 복음의 능력 안에서만 하나님과 교제하며, 교통하며, 승리의 삶을 살아갈 수 있습니다.

그리고 "성도의 기업의 부분을 얻기에 합당하게"라고 말씀합니다. "성도의 기업의 부분"이란, 천국의 기업을 말하는 것입니다. 복음이 약속하고 복음의 소망으로 주신 천국의 영광, 그것을 받기에 합당한 상속자가 되게 하신다는 말씀입니다. 아무나 천국의 영광을 받는 것이 아닙니다. 누가 이런 일을 행할 수 있습니까? 아무리 도덕적이며 훌륭한 지식과 뛰어난 능력이 있다고 하더라도 불가능한 것입니다. 오직 복음의 능력으로, 하나님의 강력한 힘으로만 가능한 것입니다. 하나님은 이 일을 거듭난 그리스도인을 통해서 행하고 계십니다. 그것을 맛보며, 체험하며 오늘을 살아가십니까? 이것은 정말 중요한 문제입니다. 성도 여러분, 이 복음의 능력을 깨닫고 체험할 때 참으로 감사하게 됩니다. 모든 일이 기쁜 것입니다. 모든 일이 그리스도 안에서 만족하게 되는 것입니다. 나같이 미천한 죄인이 아무리 봐도 하나님의 자녀가 되기에는 합당하지 않은데, 하나님께서 합당하게 만들어 가십니다. 기도와 말씀으로, 수많은 사건으로, 특별히 복음과 성령의 역사로 새롭게 하십니다. 하나님께서 상속자가 되기에 합당하게 하시니 감사한 것입니다. 그래서 성경은 말씀합니다. "합당하게 하신 아버지께." 오직 하나님 아버지만 가능한 것입니다. 왜요? 하나님의 자녀에게만 행하시기 때문입니다. "합당하게 하신 아버지께 감사하게 하시기를 원하노라." 성도 여러분, 나는 이 복음의 능력을 보고, 알고, 체험하고, 소망하며 오늘을 살아가십니까? 그 사람은 항상 감사하고, 기뻐하며, 찬양하며 살아가게 됩니다. 그것이 그리스도인의 삶이요, 하나님의 교회입니다.

그리스도인과 함께하는 복음의 능력

사도 바울을 기억해 보시기 바랍니다. 그는 분명 예수 믿기 전에도 하나님의 뜻을 알았습니다. 알았다고 확신했습니다. 성경에 도통한 사람입니다. 그러나 그 뜻에 순종한다고 하면서 교회를 핍박하며, 그리스도인을 죽이게 됩니다. 훗날 중생한 후에야 깨닫습니다. "나는 괴수 중의 괴수였다. 박해자였다. 살인자였다." 복음을 몰랐을 때는 그것이 하나님의 뜻이라고 알고 선포하며 살았는데, 복음 안에서 하나님의 뜻을 알고 보니 자신은 살인자였습니다. 그런데 이제 복음의 능력으로 새롭게 되어 복음의 증인으로 순교하게 됩니다. 이 놀랍고 변화된 삶, 이런 위대한 인생에 합당한 삶을 살게 하시는 분이 하나님이심을 그는 체험하며, 성령 충만하여 그것을 기록합니다. 이러한 인생을 모든 하나님의 백성이, 하나님의 자녀가 깨닫고, 체험하며, 고백하기를 기도하고 있습니다.

더욱이 이 편지를 쓸 때 그는 로마 감옥에 있었습니다. 매 맞고, 고문당하고, 고통 받으며, 언제 죽을지 모르는 위기 상황에서도 그는 감사하고 있습니다. "너희도 감사하기를 원하노라." 복음의 능력을 체험했는데 어찌 감사하지 않을 수 있느냐는 것입니다. 하나님께서 오늘도 살아계시어 우리 안에서 이 능력을 행하시니, 이것을 갈망하고 깨어 기도하며 체험하면서 증인으로 승리의 삶을 살기를 기도하고 있는 것입니다. 오직 복음의 능력으로 가능한 것입니다. 성도 여러분, 복음은 하나님의 능력입니다. 100퍼센트 그대로 믿고, 하나님의 강력한 힘과 능력이 역사와 하나님의 자녀와 하나님의 교회 안에 나타나고 있다는 사실을 증언하며 오늘을 살아가야 합니다. 그래서 항상 성령께 기도합니다. "성령이시여, 성령 충만함을 받아 복음의 비밀을 알게 하시고, 복음의 능력을 깨닫게 하시고, 복음의 능력을 체험하며, 하나님의 뜻을 분별하고 그 뜻에 합당한 인생을 살게 하소서." 그 가운데 복음의 열매가 맺히며, 승리의 삶을 살아가게 됩니다.

성도 여러분, 하나님의 교회는 오직 복음이 선포되고, 복음의 능력이 나타나는 곳입니다. 그래서 하나님의 자녀는 하나님의 교회를 사랑하고, 복음의 증인으로 살며, 그 복음을 묵상하며, 복음의 능력을 갈망하며, 그 능력을 체험하며 하나님의 은혜에 합당한 삶을 살아가게 되는 것입니다.

기도

창조주이시며 거룩하신 하나님 아버지, 오직 예수 그리스도 안에서 하나님의 복음을 듣고 믿음으로 하나님의 자녀 되게 하시어 이제는 빛의 자녀로 그리스도를 따르며, 본받으며, 복음의 증인으로, 복음의 능력의 체험자로 오늘을 살게 해주심을 진심으로 감사드립니다. 그러나 아직도 온전한 믿음이 없고, 복음에 대하여 무지하여, 또다시 이성적이고 감성적인 판단 속에 복음의 영광을 희석하며, 복음의 능력을 상실한 채 하나님의 뜻을 분별하지 못하고, 하나님께 합당한 삶을 살지 못하는 미천한 죄인을 불쌍히 여겨주옵소서. 보혜사 성령이시여, 믿는 자에게, 거듭난 하나님의 자녀에게 성령 충만함을 허락하시어 복음의 능력을 깨닫고, 그 능력을 체험하여 오로지 하나님께 합당한 삶을 살며, 이 땅에서 강하고 담대한 승리의 삶을 증거하며 살아갈 수 있도록 항상 지켜주옵소서. 우리 주 예수 그리스도의 이름으로 간절히 기도드리옵나이다. 아멘.

05

복음의 역사

그가 우리를 흑암의 권세에서 건져내사 그의 사랑의 아들의 나라로 옮기셨으니 그 아들 안에서 우리가 속량 곧 죄 사함을 얻었도다 _골로새서 1:13-14

05
복음의 역사

　위대한 정복자로 알려진 알렉산더 대왕이 어느 날 철학자 디오게네스를 찾아가 말했습니다. "자네에 대해 좋은 이야기를 많이 들었다. 무엇이든지 원하는 대로 줄 터이니 말해 보아라." 그러자 디오게네스는 이렇게 말했습니다. "지극히 적은 것이라도 좋으니 영원한 것이 있으면 조금만 주십시오." 알렉산더 대왕은 고개를 저으며 말했습니다. "그것은 내가 줄 수 있는 선물이 아니다." 그 말이 떨어지자마자 철학자 디오게네스는 따끔하게 쏘아붙였습니다. "그런데 왜 알렉산더 대왕께서는 세상을 다 정복하려 하십니까? 그것을 즐길 수 있는 한순간의 보장도 없으면서 말입니다." 성도 여러분, 세상이란 무엇입니까? 나는 어떤 세상에서 살고 있습니까? 하나님은 왜 세상을 본받지 말고, 세상을 사랑하지 말라고 강력하게 말씀하시는 것입니까? 그런가 하면, 하나님은 왜 이 세상을 이처럼 사랑하셔서 독생자를 주신 것입니까? 성경이 말씀하는 세상은 무엇을 의미합니까? 깊이 생각해야 할 것입니다.

성경에서 말씀하는 세상

세상은 헬라어로 '코스모스'인데, 성경에서는 적어도 세 가지 의미로 사용되고 있습니다. 첫째가 우주 또는 지구입니다. 하나님께서 창조하신 모든 물질세계를 의미합니다. 하나님께서 이 세상을 보시기에 좋았다고 말씀하셨습니다. 그러므로 세상은 악한 것이 아닙니다. 인류의 적이 아닙니다. 둘째는 인류, 곧 인간을 지칭하는 의미로 세상이라는 말이 쓰입니다. 대표적으로 요한복음 3장 16절이 그렇습니다. "하나님이 세상을 이처럼 사랑하사." 여기서 세상은 인간을 말합니다. 그래서 이어지는 말씀에서 이렇게 기록합니다. "이는 그를 믿는 자마다 멸망하지 않고 영생을 얻게 하려 하심이라." 이 영생을 얻는 그 대상은 인류입니다. 그러므로 여기서 말씀하는 세상은 인간을 뜻하므로 하나님께서 사랑하시는 대상이 인간임을 가리킵니다. 비록 하나님의 형상을 잃어버리고 죄의 종이 되었지만, 하나님께서는 불쌍히 여기시며 사랑하십니다. 셋째는 부정적 의미로 사용됩니다. 이것이 우리가 깊이 생각해야 할 세상입니다. 그것은 세속사회와 세상의 시스템을 말합니다. 바로 그 세상을 본받지 말고, 사랑하지도 말라고 성경은 말씀하십니다. 한마디로 하나님이 없는 세상입니다. 하나님이 없는 세계관, 하나님이 없는 지식, 하나님이 없는 가치관, 그 모든 것을 말합니다. 구체적으로 말하면 하나님이 없는 경제, 사회, 교육, 문화, 문명, 이 모든 것이 해당됩니다. 이러한 세상은 하나님을 대적하고 있다는 사실을 기억해야 합니다. 하나님이 계실 자리에 인간이 있기 때문입니다. 그리고 하나님을 경외하지 않고, 하나님은 없다고 합니다. 그러므로 이것은 인류의 적입니다. 이러한 세상은 사탄의 권세 아래 놓여 있습니다. 이것은 하나님이 기뻐하시는 세상이 아닙니다. 하나님이 창조하신 세상도 아닙니다. 하나님이 창조하신 것들이 변질되고 왜곡되어 타락한 세상을 말합니다. 사탄의 역사로 말미암아 그 속에 죄의 권세가 들어왔고, 모든 인류가 이 세상에 종속되어 죄의 종이 된 것입니다. "의인은 없으되 하나도 없다." 이런 세상을 하나님께서 심판하십니다.

한 제자가 세속과 결별을 선언하고, 자기 소유를 팔아 가난한 사람들에게 나눠주었습니다. 그리고 자기를 위해서는 조금만 남겨두었는데, 그런 상태로 스승을 찾아갔습니다. 그런데 스승이 진정한 수도사가 되기를 원한다면, 마을로 내려가서 네가 남겨둔 것을 가지고 고기 몇 점을 사서 벗은 몸에 그것을 붙이고 다시 내게 오라고 말했습니다. 스승이 시킨 대로 하자, 개와 새들이 그의 몸에 달라붙는 것입니다. 스승은 제자에게 물었습니다. "시키는 대로 했더니, 무슨 일이 있었느냐?" 제자는 대답 대신 자신의 상처 난 몸을 보여주었습니다. 스승은 이렇게 말했답니다. "세상과 결별한다고 하면서 자신을 위해 무언가를 남겨둔 사람은 마치 이와 같아서 마귀들이 싸울 듯 달려들기 마련이다." 죄의 권세 아래 있는 이러한 세상에는 항상 불의와 불경건이 가득 차 있습니다. 이것을 분명히 알아야 합니다. 불공평과 불평등과 불만족이 가득 차 있습니다. 왜요? 하나님이 없는 세상이기 때문입니다. 그 결과는 혼란과 혼돈 뿐 입니다. 무질서입니다. 거듭난 그리스도인의 적입니다. 이런 세상을 버리고, 이런 세상과 싸워 승리해야 할 것입니다.

세계 최고의 투자자 워런 버핏이 친한 친구이자 사업 파트

너인 찰리 멍거와 나눈 대화입니다. 워런 버핏이 친구에게 물었습니다. "당신은 유머 감각이 너무나 좋아. 분명한 것은 당신이 나보다 유머 감각이 뛰어나다는 거야. 그런데 그 유머 감각이 어디서 나오는지 난 참 궁금하거든? 좀 알려주게." 친구의 대답은 이랬습니다. "그야 세상을 정확하게 바라보면 웃을 수밖에 없지. 세상은 터무니없으니까." 성도 여러분은 이런 죄의 권세 아래 있는 세상에서 살면서 세상을 볼 때마다 어떤 생각을 하십니까? 저는 시편 2편 4절 말씀을 항상 기억합니다. "하늘에 계신 자가 웃으심이여 주께서 저희를 비웃으심이로다." 하나님을 대적하는 죄의 권세 아래 있는 세상을 보면서, 그 인류를 보면서 하나님이 비웃으신다고 합니다. 항상 비웃음거리인 것입니다. 한마디로 웃기는 것입니다. 하나님의 관점으로 한번 생각해 보십시오. 한심한 것입니다. 성도 여러분, 인류의 적인 세상은 항상 하나님을 부정하고, 복음을 거부합니다. 그래서 세상에 속한 자는 세상의 종으로 살며, 영적 무지와 무감각 속에 살며, 하나님을 경외하지 않고 예수 그리스도를 거부하며, 복음에 대하여 조롱하고 비웃으며 살아가는 것입니다. 성도 여러분, 왜 세상이 이처럼 변질된 것입니까? 또한 역사에서 보면 교인들조차도 교회를 떠납니다. 교회생활을 하는 것 같은데 세속적이고 세상 중심의 삶에서 벗어나지 못하고 있습니다. 왜 이렇게밖에 안 되는 것입니까? 특별히 코로나 기간에 보면 많은 교회에서 많은 교인이 교회를 떠났습니다. 왜 이런 일이 벌어지는 것입니까? 무엇이 문제입니까? 이 질문의 답이 오늘 성경 본문에 명백하게 기록되어 있습니다.

흑암의 권세에서 건짐 받음

오늘 본문 13절 말씀에 귀 기울이시기 바랍니다. "그가 우리를 흑암의 권세에서 건져내사 그의 사랑의 아들의 나라로 옮기셨으니." 성도 여러분, 이것이 복음의 역사입니다. 이것이 하나님께서 행하시는 일입니다. 이것이 예수님께서 전하신 하나님의 복음입니다. 하나님께서 우리를 흑암의 권세에서 건져내셔서 그의 사랑의 아들의 나라로 옮기셨습니다. 삼위일체 하나님께서 행하신 일이 바로 이 복음임을 믿고 확신하는 자는 복 있는 사람입니다. 이 복음의 역사는 추상적인 진리가 아닙니다. 종교의 가르침도 아닙니다. 이것은 하나님께서 일으키시는 사건이요, 역사 안에 나타난 사건입니다. 구원에 이르는 믿음이란 이 복음의 역사를 알고, 깨닫고, 믿음으로 복음의 사람이 된 것을 의미하는 것입니다.

골로새 교회가 복음의 역사로 세워진 교회지만, 시간이 지나면서 큰 위기에 처했습니다. 교회가 흔들립니다. 하나님의 복음이 변질되었고, 소망이 잘못되었고, 복음의 열매를 맺지 못합니다. 복음의 능력도 추상화됩니다. 잘못된 복음이 계속 전해지며, 교인들은 세상 중심의 삶을 살고, 더러는 교회에서 이탈하기 시작하는 것입니다. 이제 성령께서 하나님의 사람 바울을 통하여 오늘 말씀을 주십니다. 오늘 우리에게 주신 하나님의 말씀입니다. 오늘 이 시대에도 교회 중심의 삶을 살지 못하고 교회를 떠나며, 교회에서 신앙생활을 하더라도 잘못된 신앙생활, 세속적인 신앙생활을 하는 사람이 너무나 많습니다. 왜 이렇게 된 것입니까? 복음에 대한 무지 때문입니다. 처음부터 잘못된 복음을 들은 것입니다. 처음부터 잘못된 동기로 교인이 된 것입니다. 예수 믿고 구원받으면 만사형통하고, 소원성취하고, 자아 성취하고, 부와 건강을 얻고, 이 세상에서 형통하고, 모든 게 잘된다는 잘못된 복음을 받아들였기에 처음부터 잘못된 것입니다. 오늘 성경은 명백히 그것을 우리에게 알려주고 있습니다.

오늘 본문 13절에서 "그가 우리를 흑암의 권세에서 건져내사"라고 말씀합니다. 하나님께서 하나님의 자녀를, 하나님께서 부르신 그들을 흑암의 권세에서 건져내셨습니다. 이것이 복음입니다. 항상 묵상하며 오늘을 살아가야 할 것입니다. 여기서 "흑암의 권세"라는 말은 사탄과 마귀의 권세를 뜻합니다. 예수님께서도 수없이 언급하셨습니다. 특별히 그 권세에 대해서 '세상의 임금'이라고 예수님께서 말씀합니다. 왜요? 하나님을 제외하고는 세상에서 가장 강력한 힘이 사탄과 마귀의 권세이기 때문입니다. 성도 여러분, 이 사탄과 마귀의 권세, 흑암의 권세는 성경 전체에 걸쳐 나타나 있습니다. 창세기부터 시작해서 종말까지 나타납니다. 선악과 사건이 그것을 의미합니다. 하나님이 창조하신 세계는 너무도 보기 좋았습니다. 아름다웠습니다. 에덴동산에서 아담과 하와가 사는데, 타락한 천사인 마귀가 하와를 유혹합니다. 하나님께서 모든 실과를 따먹어도 된다고 허락하시지만, 단 하나, 선악을 알게 하는 나무의 실과는 먹지 말라고 하십니다. 이것은 금단의 열매로, 먹으면 반드시 죽으리라고 말씀하셨습니다. 그래서 전혀 그것을 의식하거나 보지도 않고, 옆에 있어도 전혀 따먹을 생각도 하지 않고, 하나님을 경외함으로 하나님의 말씀에 순종하면서 잘 지냈는데, 마귀가 유혹합니다. "모든 나무를 따 먹지 말라고 하시더냐?" 사실 마귀도 알고 있습니다. 그런데 여기부터 흔들어갑니다. 더 나아가서 말합니다. "절대 안 죽어. 저 열매 먹는다고 죽겠냐? 안 죽어." 심지어 이렇게까지 말합니다. "저 열매 먹으면 눈이 밝아져서 하나님과 같이 돼. 네가 하나님과 같이 분별력 있는 사람이 돼." 완전 가짜뉴스를 조금씩 조금씩 강도 높게 퍼트립니다.

그런데 여기에 자꾸 끌리다 보니까 성경은 말씀합니다. "그 나무를 본즉 먹음직도 하고 보암직도 하고 지혜롭게 할 만큼 탐스럽기도 한 나무인지라." 그래서 따먹게 됩니다. 이런 일이 역사 안에, 세상 속에 계속 진행 중이라는 것을 우리에게 알려줍니다. 이 흑암의 권세를 인간이 감당하지 못합니다. 성도 여러분, 결국 사탄의 권세 속에 죄가 세상으로 들어와 하나님께 불순종하며, 시간이 지남에 따라 하나님이 없는 세상을 만들게 됩니다. 그런 세상을 본받지 말라는 것입니다. 그 세상을 사랑하지 말라는 것입니다. 깊이 생각해야 합니다.

요한일서 5장 19절에는 이렇게 성경말씀이 기록되어 있습니다. "또 아는 것은 우리는 하나님께 속하고 온 세상은 악한 자 안에 처한 것이며." 여기서 "우리는"은 거듭난 그리스도인을 가리킵니다. 우리는 하나님께 속하고, 세상은 악한 자 안에 처했습니다. 여기서 말하는 "세상"은 불신앙의 사람들, 모든 인류를 뜻합니다. 세상은 흑암의 권세 아래 살아갑니다. 이것이 하나님의 판단이요, 복음의 선포입니다. 더 나아가 에베소서 6장 12절은 말씀합니다. "우리의 씨름은 혈과 육을 상대하는 것이 아니요 통치자들과 권세들과 이 어둠의 세상 주관자들과 하늘에 있는 악한 영들을 상대함이라." 거듭난 그리스도인의 적은 인간이 아닙니다. 우주 만물도 아닙니다. 흑암의 권세이고, 사탄과 마귀라고 명료하게 우리에게 알려주고 있습니다. 항상 기억해야 합니다.

  오늘 성경의 흑암은 darkness, '어둠'을 말합니다. 이 흑암은 빛과 정반대입니다. 빛이 전혀 없습니다. 그만큼 깜깜한 어둠의 세상이 된 것입니다. 그래서 그 안에서는 항상 왜곡이 일어납니다. 말씀이 왜곡되고, 하나님이 왜곡되고, 진리가 왜곡되고, 복음이 왜곡됩니다. 그리고 거부하게 됩니다. 이 모든 것이 마귀의 거짓말로 가짜뉴스입니다. 그런데 이것을 분별하지 못하고, 인류는 계속 속는 것입니다. 아담과 하와가 속았듯이, 인류는 계속 마귀의 유혹에 속습니다. 그렇게 세상과 동화된 삶을 살다 보니까 이성이 마비되고, 감성이 왜곡되고, 의지가 변질되었습니다. 결국 마음과 본성이 타락했습니다. 하나님을 알지 못합니다. 창조주를 거부합니다. 대신 그 자리에 인간이 서게 된 것입니다. 성도 여러분, 오직 복음의 빛 안에서만 이런 진리가 분별되고, 나타나고, 또한 흑암의 권세를 제거할 수 있습니다. 이 복음의 진리가 없었다면, 우리는 아직도 계속해서 불신자같이 살았을 것입니다. 예수 믿기 전의 그 상태로 계속 살았을 것입니다. 뭐가 잘못되었는지 모르는 무지의 상태로, 깨닫지 못하는 상태로 살았을 것입니다.

그러므로 세상은 어둠입니다. 성경은 명확하게 선포합니다. 요한복음 1장 5절의 말씀입니다. "빛이 어둠에 비치되 어둠이 깨닫지 못하더라." 생명의 빛인 예수 그리스도께서 오셨지만, 아무도 알지 못합니다. 빛이 왔지만 깨닫지도 못하고, 받아들이지도 못하고, 영접하지도 못하고, 무시합니다. 왜요? 흑암의 권세 아래 있기 때문입니다. 세상이 사탄의 권세 아래 있기 때문에 이러한 상태가 된 것입니다. 그래서 성경은 명확하게 세상에 대하여 말씀합니다. "악한 세대다. 패역한 세대다. 어그러지고 거스르는 세대다." 성도 여러분, 이런 세상에서 권력을 얻고, 성공하고, 유명해지고, 명예를 얻은들 이게 무슨 자랑이 되겠습니까? 하나님의 관점으로 생각해 보십시오. 예수 그리스도 안에서 생각해 보십시오. 참으로 웃기는 일입니다.

오늘 성경말씀은 13절에서 말씀합니다. "건져내사. He has rescued." 하나님께서 건져내셨다, 구출하셨다는 말씀입니다. 흑암의 권세에서, 죽음과 심판 속에서 건져내셨다고 합니다. 이 사실을 알고, 믿고, 기뻐하며 오늘을 살아가십니까? 그 사람이 거듭난 그리스도인입니다. 하나님께서 건져내셨습니다. 이것이 복음의 역사입니다. 교회의 선포입니다. 인간의 힘과 능력으로는 절대 이 흑암의 권세에서 구출될 수 없습니다. 알아도 못합니다. 문제는 이것을 아예 모른다는 것입니다. 흑암의 권세를 전혀 모릅니다. 세상의 불신자들은 아무리 지혜롭고 똑똑해도 사탄의 권세가 무엇인지, 마귀의 역사가 무엇인지 모릅니다. 어둠 자체를 모릅니다. 영적 무지, 무감각 속에 살아갑니다. 그래서 불쌍한 것입니다. 그래서 '세상의 종'이라고 말합니다. 이것이 인간의 실존상태입니다.

성도 여러분, 세상이 왜 이렇게 변질된 것입니까? 이것은 하나님이 의도하신 세상이 아닙니다. 하나님이 창조하신 세상은 이렇지 않았습니다. 왜 이렇게까지 어두운 세상이 된 것입니까? 오늘 성경은 그 답을 줍니다. "흑암의 권세." 바로 이것이 문제입니다. 그런데 이 흑암의 권세를 알지 못하면서 세상을 개선하고 개혁하려고 하니 웃기는 일입니다. 이제까지 한 번도 된 적이 없습니다. 그렇게 해서 조금은 개선되는 것 같지만, 결국은 또 혼돈입니다. 더 혼란스러울 뿐입니다. 복음은 이 사실을 우리에게 깨닫게 해줍니다. 항상 절망과 무질서와 두려움이 있을 뿐입니다.

하나님의 나라로 옮기심

그리고 오늘 성경은 선포합니다. "그의 사랑의 아들의 나라로 옮기셨느니라." 이것이 복음의 역사요, 복음의 목적입니다. 먼저 세상으로부터, 사망과 사탄의 권세로부터 건짐 받는 것이 그 시작입니다. 그런데 건짐을 받으면 뭐 합니까? 어차피 또 들어갈 텐데요. 중요한 것은 하나님의 나라로 들어가야 합니다. 그것을 성경은 "옮기셨다"(transferred)라고 말씀합니다. 원어로는 장소의 이동을 말합니다. 구약성경 전체의 중심은 출애굽의 역사를 말씀하고 있습니다. 그것은 복음의 예표입니다. 세상의 중심인 애굽, 하나님 없는 정치, 경제, 교육으로 가득 찬 그 애굽, 거기에서 종살이하던 이스라엘 백성을 건져내신 것이 출애굽의 역사입니다. 그리고 약속의 땅 가나안으로 옮기셨습니다. 이처럼 건져내셔서 옮기셨다는 것이 복음의 역사입니다. 흑암의 역사에서 건져내시고, 하나님의 나라로 옮기셨다는 이것이 하나님께서 행하신 일이고, 하나님의 약속이고, 복음의 목적입니다. 성도 여러분, 이 복음은 추상적인 것이 아닙니다. 믿는 자에게는 실제 사건이요, 기쁨이요, 경이로운 이름입니다. 이 세상의 많은 종교를 생각해 보십시오. 이런 복음을 선포하고 있습니까? 어림도 없는 이야기입니다. 인간이 할 수 있는 일이 아닙니다. 사탄의 권세에서 건져내시고, 하나님의 나라로 옮기셨다는 것은 상상도 하지 못합니다. 이것을 구별해야 합니다.

그러면 옮기셨다는 것은 정확하게 무엇을 말합니까? 흑암에서 빛으로 옮기신 것입니다. 죽음과 심판에서 구원과 생명으로 옮기신 것입니다. 세상에서 하나님 나라로 옮기신 것입니다. 성도 여러분, 하나님께서 건지시고 옮기신 이 사건의 증인으로, 이 일을 확신하며 매일 매일을 살아가십니까? 그 사람이 복음의 사람입니다. 또한 종에서 자유인으로, 사탄의 권세에서 하나님의 권세로, 무엇보다도 지옥 갈 사람을 천국 갈 사람으로 옮겨놓으셨습니다. 얼마나 경이로운 사건입니까! 이것을 믿는 자가 거듭난 그리스도인입니다. 그래서 항상 어떤 상황에서라도 감사하고, 기뻐하고, 찬양하고, 하나님께 예배드리는 것입니다. 그런데 교인이라고 하면서, 오랜 신앙생활을 하면서도 예배드리지 않고 교회를 떠나 다시 세상으로 돌아가 세상 중심의 삶을 살아갑니다. 왜 이런 일이 벌어지는 것입니까? 복음에 대한 무지 때문입니다. 처음부터 잘못된 동기로 믿은 것입니다. 복음의 역사를 추상화한 것입니다. 참으로 불쌍한 사람들입니다.

성도 여러분, 이 놀라운 복음의 역사, 흑암의 권세에서 건짐 받고 하나님의 나라로 옮겨지는 이 위대한 하나님의 역사가 정확히 어떻게 이루어지는 것입니까? 그 답이 예수 그리스도입니다. 그래서 하나님께서 독생자를 보내신 것입니다. 하나님께서 그분을 십자가에 죽게 하시며, 부활시키신 것입니다. 이 모든 것을 하나님의 복음이라고 합니다. 그 복음을 믿음으로 우리는 복음의 역사의 참여자요, 증인이 되는 것입니다. 사탄의 권세에서 벗어났고, 하나님 나라로 옮겨진 것입니다. 얼마나 감사한 일입니까! 이 하나님의 역사를 깊이 생각해 보십시오. 하나님이 창조주이신데, 도대체 왜 이렇게까지 하시는 것입니까? 이렇게 하실 이유가 없잖아요? 미천한 죄인이요, 하나님을 경외하지도 않고 항상 불순종하며 하나님을 대적하는 원수라고 성경은 말씀하고 있는데, 왜 그러한 원수를 위하여 이렇게까지 하시는 것입니까? 왜 하나님은 미천한 죄인을 위하여 예수님을 보내셨고, 십자가에 죽게 하시는 것입니까? 왜 이렇게 하시는 것입니까? 그것은 하나님의 성품 때문입니다. 하나님의 사랑과 하나님의 은혜, 그것뿐입니다. 그래서 요한복음 3장 16절이 복음의 진수라는 것입니다. "하나님이 세상을 이처럼 사랑하사 독생자를 주셨다."

하나님의 은혜와 사랑으로 말미암아

예수 그리스도를 이 땅에 보내시고 십자가에 죽게 하신 이유가, 그렇게 하셔야 하는 이유가 하나님의 사랑, 그것 때문입니다. 더 나아가 오직 하나님의 은혜로 말미암아 믿음으로 우리는 죄 사함을 받고, 하나님의 자녀가 되었습니다. 오직 하나님의 은혜, 그분의 성품으로 말미암아 우리가 복음의 역사의 수혜자가 된 것입니다. 나의 의, 나의 선행, 나의 헌신으로는 어림도 없는 이야기입니다. 낄 자리가 없지 않습니까? 오직 하나님의 은혜와 사랑으로 말미암아 하나님께서 스스로 복음의 역사를 일으키시고, 행하고 계십니다. 그 복음을 믿음으로 우리는 그 역사의 수혜자, 증인이 된 것입니다.

성도 여러분, 나는 흑암의 권세를 알고, 인식하며 오늘을 살아가십니까? 나는 하나님 없는 세상이 인류의 적임을 알고, 인식하고, 고백하며 오늘을 살아가십니까? 무엇보다도 흑암의 권세에서 건짐 받은 하나님의 자녀입니까? 나는 흑암의 권세에서 건짐 받고, 하나님 나라로 옮겨진 천국 백성입니까? 날마다 스스로에게 질문해야 합니다. 오직 하나님의 복음을 믿음으로 우리는 영적 분별력을 갖습니다. '아, 그렇구나. 예수님을 믿기 전에 또한 오늘도 자꾸 세상으로 끌리는 것은 이 흑암의 권세로 말미암은 것이구나.' 그 잔재가 남아 있거든요. 내가 그렇게 이웃과 자녀를 위하여 기도하며 복음을 전하는데 거듭남의 역사가 나타나지 않는 것은, 이처럼 하나님께로 돌아가지 않는 것은 바로 이 흑암의 권세 때문입니다. 하나님의 은혜가 있어야 하는데, 하나님의 사랑이 확증되어야 회개하고 하나님께 돌아오는데 그렇지 못하는 것입니다. 참으로 안타까운 것입니다. 영적 분별력을 갖고 복음의 역사의 증인으로 살아갈 때 복음의 역사를 체험하며, 복음의 열매를 맺으며, 날마다 승리하게 되는 것입니다.

하나님의 사람 마르틴 루터의 유명한 일화입니다. 이분이 종교개혁을 할 때, 거대한 가톨릭교회로부터 엄청난 핍박을 받습니다. 결국은 비텐베르크 성 꼭대기에 있는 골방으로 숨어들어 갑니다. 당시 라틴어 성경밖에 없었는데, 거기서 독일어로 성경을 번역하는 위대한 일을 시작하고 완성하게 됩니다. 그때 있었던 일입니다. 그 방의 벽과 기둥에는 지금까지 시커먼 잉크 자국이 많이 남겨져 있습니다. 그 이유는 항상 교황과 가톨릭을 인정하고 타협하라는 사탄의 유혹에 시달리던 루터가 그 유혹을 이기기 위함이었습니다. 그들이 유혹의 손을 펼칠 때 타협만 하면 핍박도 없고, 죽음의 위기도 없고, 평안하게 인생이 보장되어 있었습니다. 자주 이런 유혹을 받았고, 이 모든 것을 사탄의 유혹으로 받아들입니다. 그래서 그는 항상, 날마다 "사탄아, 물러가라"고 외쳤고, 감당이 안 될 때는 "물러가라"고 소리치면서 성경을 번역하며 사용하던 잉크병을 집어던진 것입니다. 그래서 온 방의 벽과 기둥에 잉크병 자국이 있게 된 것입니다. 성도 여러분, 흑암의 권세가 아직도 왕성하게 활동합니다. 그것이 우리가 보는 세상입니다. 하나님의 자녀는 건짐 받았지만 그 잔재가 계속 있고, 사탄은 끝까지 하나님의 자녀를 물어뜯고 무너뜨리려고 합니다.

성도 여러분, 거듭난 그리스도인은 복음의 역사를 알고 믿음으로 변화된 사람입니다. 이제는 날마다 흑암의 권세에서 하나님의 권세로, 세상에서 하나님의 나라로, 나 중심에서 그리스도 중심으로 건짐 받고 옮겨진 하나님의 자녀임을 기억하고 기뻐하며, 증언하면서 살아가야 할 것입니다. 그리고 어둠의 세상 속에서 복음의 빛을 전해야 합니다. 빛의 진리를 전해야 합니다. 하나님의 은혜와 사랑을 나타내야 합니다. 복음의 증인으로 복음의 열매를 맺으며, 날마다 승리해야 할 것입니다.

기도

창조주이시며 거룩하신 하나님 아버지, 오직 예수 그리스도 안에서 하나님의 복음을 믿음으로 영적 분별력을 가지어 이제는 성경을 통하여 내게 주신 말씀을 들으며, 복음의 역사를 체험하며, 확신하며 이 땅에서 복음의 증인으로, 빛의 자녀로 권세 있는 삶을 살게 해주심을 진심으로 감사드립니다. 그러나 아직도 어둠의 권세 속에서 무엇이 잘못되었는지도 모르고, 세상의 종으로 살아가는, 너무나 많은 불쌍한 영혼들이 있습니다. 그들을 향하여 항상 깨어 기도하며, 복음의 역사를 증언하며, 하나님의 은혜와 사랑을 나타내어 놀라운 구원의 역사가 나타난 그 중심에 있도록 우리를 지켜주시옵소서. 보혜사 성령이시여, 이 복음을 알면서도 또다시 복음 밖에서 자행자지하는 미련한 죄인을 불쌍히 여겨주셔서, 성령 충만함을 받아 그리스도와 연합하여 복음의 역사를 깨닫고 확증하며, 복음의 사람으로 오직 하나님의 이름을 영화롭게 하는 승리의 삶을 살아갈 수 있도록 지켜주옵소서. 우리 주 예수 그리스도의 이름으로 간절히 기도드리옵나이다. 아멘.

06

만물의 으뜸

그는 보이지 아니하는 하나님의 형상이시요 모든 피조물보다 먼저 나신 이시니 만물이 그에게서 창조되되 하늘과 땅에서 보이는 것들과 보이지 않는 것들과 혹은 왕권들이나 주권들이나 통치자들이나 권세들이나 만물이 다 그로 말미암고 그를 위하여 창조되었고 또한 그가 만물보다 먼저 계시고 만물이 그 안에 함께 섰느니라 그는 몸인 교회의 머리라 그가 근본이시요 죽은 자들 가운데서 먼저 나신 이시니 이는 친히 만물의 으뜸이 되려 하심이요 아버지께서는 모든 충만으로 예수 안에 거하게 하시고 그의 십자가의 피로 화평을 이루사 만물 곧 땅에 있는 것들이나 하늘에 있는 것들이 그로 말미암아 자기와 화목하게 되기를 기뻐하심이라 _골로새서 1:15-20

06
만물의 으뜸

　21세기의 대표적인 기독교 변증가인 알리스터 맥그래스 박사가 쓴 『회의에서 확신으로』(*Doubt in Perspective*)라는 책에 기록된 내용을 소개합니다. 그리스도인의 믿음에 있어서 예수 그리스도가 어떤 중요한 역할을 담당하는지, 그리고 하나님이 예수님을 통해 어떤 일을 이루셨고 지금도 이루고 계신지를 세 가지로 설명하고 있습니다. 첫째, 예수님은 자신의 죽음과 부활을 통해서 전혀 새로운 삶의 방식을 가능하게 해 주셨습니다. 그래서 그리스도인은 이전에는 세상 중심의 삶을 살았는데 이제는 하나님 중심의 삶을 살며, 이전에는 육신의 생각에 이끌려 살았지만 이제는 영의 생각에 이끌려 영생의 삶을 지향하게 된 것입니다. 둘째, 예수님은 하나님과 예수님 자신에 대해 생각하게 하는 질문을 던지십니다. 마르크스주의는 칼 마르크스의 관점에서 나왔지만, 기독교는 전혀 그렇지 않습니다. 복음은 예수님에 관한 그 무엇이 아니라, 바로 예수님 자체입니다. 그래서 예수님에 대한 질문은 곧바로 하나님과 구원에 관한 질문으로 바뀌게 됩니다. 그리고 예수님에 대한 질문은 그분을 구세주로 받아들이며, 회개와 죄의 용서에 이르는 회심 과정의 시작이 됩니다. 셋째, 예수님은 구속받은 사람의 삶이 어떠한지를 보여주십니다. 예수님은 우리의 신앙의 근거이자 기초가 되실 뿐만 아니라, 그리스도인이 어떻게 살아야 하는지, 믿는 자들에게 합당한 삶이 무엇인지 상세히 가르쳐 주십니다. 하나님을 예배하고 그 말씀에 순종하며, 그분보다 더 중요하게 생각할 수 있는 것은 없다고 우리에게 가르쳐 줍니다.

성도 여러분, 예수님은 누구십니까? 정말 내게 있어 예수님은 누구십니까? 내 인생에 있어서 예수님은 누구시며, 정확하고 구체적으로 어떤 역할을 행하고 계십니까? 나는 예수 그리스도 안에서 모든 것이 변화된 것을 알고, 인식하며, 그 일의 증인으로 살아가십니까? 깊이 생각해야 할 것입니다.

주가 되시는 예수 그리스도

모든 그리스도인은 예수 그리스도를 나의 구세주요 구주로 알고, 믿고, 고백합니다. 그것은 무엇을 의미하는 것입니까? 예수 그리스도 안에서 모든 것이 변화되었다는 뜻입니다. 살아계신 그리스도가 내 안에 계셔서 이제는 그리스도를 따르며, 본받으며, 그리스도의 영광을 나타내는 삶으로 변화되었다는 것을 뜻합니다. 그분이 실제 내 삶 속에서 주가 되셨다는 것을 증언하는 것입니다. 만일 그렇지 못하면 잘못된 신앙생활을 하는 것입니다. 예수님을 주로 고백만 하는 것은 단지 말뿐입니다. 더 나아가서 주로 인식하더라도, 그분이 주가 되시지 못하는 것입니다. 자아가 더 셉니다. 자기 뜻이 앞섭니다. 나 스스로가 장애물이 됩니다. 그리고 살아계신 그리스도가 내 안에 계시지 않습니다. 성도 여러분, 예수 그리스도가 누구신지를 정말 알고 믿는다면, 모든 것이 바뀔 것입니다. 믿음과 소망과 사랑에 관해서도 완전히 변합니다. 소원과 인생에 대해서도 모든 것이 변합니다. 가치관과 진리관과 세계관에 있어서 모든 것이 변화되는 것입니다.

미국에 있는 풀러신학교 총장을 지낸 마크 래버튼 목사가 캘리포니아에서 목회할 때 경험했던 일입니다. 어느 날 한 남자가 찾아왔다고 합니다. 장황하게 이야기를 늘어놓았지만, 핵심은 이랬답니다. "전 아주 성공한 삶을 살고 있고, 굉장히 바쁜 사람입니다. 그래서 이런 대화를 나눌 시간이 없습니다. 죄송하지만, 5분만 시간을 내주세요." 먼저 이렇게 말해서, 그렇게 하라고 하자 남자가 말합니다. "제 아내가 지금 이 교회에 다니고 있는데, 요즘 시간만 있으면 식사 때마다 자꾸 예수님 얘기를 하는데, 전 예수님에 대해 도무지 아는 바가 없습니다. 제발 요점 정리해서 몇 가지만 간단하게 알려주세요." 이게 그 사람의 부탁입니다. 그래서 래버튼 목사님이 이렇게 대답했답니다. "이건 제가 도울 수 있을지 모르겠습니다. 저는 요점 정리가 특기가 아닙니다. 그렇게 정리한다고 해도 예수님의 이야기는 아마도 당신의 삶에 상당한 영향을 끼치게 될 겁니다. 권력, 성공, 돈, 결혼, 가정 등에 대해서, 모든 인생에 대해서 다른 시각으로 보게 될 테니까 말입니다." 그러자 남자가 말합니다. "그렇게까지는 하고 싶지 않습니다. 예수님에 대해서, 단지 예수님을 아는 지식에 대해서 요점 정리만 해주세요. 그러면 족하겠습니다." 성도 여러분, 이런 마음과 태도를 가진 사람에게는 아무리 예수님이 직접 복음을 전해 주셔도 아무 소용이 없습니다. 전인격적인 변화를 갈망하지 않고 또는 부분적인 변화만을 원한다면, 예수 그리스도는 나와 별 상관이 없습니다. 그리스도의 복음은 나에게 아무런 영향을 끼치지 못합니다. 이것을 분명히 기억해야 합니다.

기독교와 교회의 선포는 예수 그리스도입니다. "예수 그리스도가 주시다." 이것이 핵심입니다. "세상의 구주시다. 모든 피조물과 모든 인류의 구주시다. 이것이 변함없는 진리다." 이것을 선포하는 것입니다. 그래서 예수 그리스도 자체가 복음이 되시는 것입니다. 그러므로 예수 그리스도가 주가 되시지 못하면 기독교는 무너지고, 교회는 변질되고 타락하는 것입니다. 내가 그리스도인이라고 하지만 예수 그리스도가 내게 주가 되시지 못하면, 실제로 주가 되시지 못하면 복음의 열매를 맺지 못하고 잘못된 인생을 살아가게 됩니다. 내가 그리스도인이라고 하면서 그리스도를 본받지 않고 또 그리스도를 따르는 삶을 지향하지 않는다면, 그리스도의 영광을 나타내는 것을 목적으로 삼지 않는다면 뭔가 잘못된 것입니다. 그리스도가 내게 주가 되시지 못한 것입니다. 또는 그리스도의 복음이 애초부터 왜곡되어 내게 알려진 것입니다.

오늘 성경말씀에는 예수 그리스도가 누구신지를 계시하는 하나님의 말씀이 명백하게 기록되어 있습니다. 항상 예수 그리스도가 누구신지를 알고 싶다면, 이 말씀을 묵상하며 살아가야 할 것입니다. 본문에 "만물의 으뜸이 되려 하심이요"라는 말씀이 있습니다. 이 만물의 으뜸이라는 것은 first place in everything입니다. 모든 상황, 모든 것 안에서 첫째 자리, 항상 으뜸이 되는 것을 말합니다. 다시 말해서, 예수님은 만물의 으뜸이요 만물의 주인이십니다. 나의 주가 되실 뿐만 아니라, 모든 만물의 주가 되십니다. 성도 여러분, 이 고백으로 오늘을 살아가십니까? 나의 일상에서 모든 일에 항상 예수님이 주가 되십니까? 으뜸이 되십니까? 깊이 생각해야 합니다. 사랑하는 가족보다 먼저 예수님이 으뜸이 되십니까? 아니면, 사랑하는 가족 다음입니까? 나라와 민족보다 으뜸이 되십니까? 나의 인생, 성공, 돈, 명예보다 항상 예수님이 으뜸이 되십니까? 모든 상황에서, 모든 일에서 예수님이 으뜸이 되십니까? 그 사람이 하나님의 자녀요, 그리스도와 동행하는 사람입니다.

골로새 교회의 문제가 바로 여기에 있었습니다. 하나님을 믿고 찬양하며, 봉사하고, 전도합니다. 복음을 알고 예배드리지만, 어느 순간 예수님이 으뜸이 되지 못합니다. 더 나아가서 세상의 구주시고 만물의 으뜸이시라고 고백하지만, 다 추상적인 이야기일 뿐입니다. 여기서 뭔가 잘못되기 시작합니다. 그래서 교회가 변질되어 위기를 맞고 열매를 맺지 못하게 됩니다. 이것은 사탄의 역사입니다. 사탄의 목표는 예수님으로 예수님이 되시지 못하게 하는 것입니다. 그렇다면 사탄의 승리입니다. 예수님에 대한 잘못되고 편집된 지식을 갖고 있다면, 그 또한 사탄의 역사입니다. 예수님이 오신 날부터 오늘까지 그리고 미래도 계속 이 영향력 속에서 예수님은 주가 되시지 못하는 것입니다. 그래서 오늘도 보면 사람들은 예수님을 위대한 선지자나 종교창시자, 빛나는 뛰어난 천사라고 부르고 있는 것입니다. 성도 여러분, 내가 아무리 예수님의 성육신을 믿고, 가르침을 믿고, 십자가와 부활을 믿고, 그분이 전하는 복음을 믿는다고 할지라도, 결국 예수님이 주가 되시지 않는다면 심각한 문제입니다. 예수님이 만물의 으뜸이 되시지 않으면 잘못된 것입니다. 무엇보다도 예수님을 하나님으로 고백하지 않는다면 삼위일체 신앙을 부정하는 것이요, 곧 불신앙입니다. 이것을 분명히 알아야 합니다.

그래서 골로새서 2장 8절은 이렇게 기록하고 있습니다. "누가 철학과 헛된 속임수로 너희를 사로잡을까 주의하라. 이것은 사람의 전통과 세상의 초등학문을 따름이요, 그리스도를 따름이 아니니라." 지금 사탄의 역사로 말미암아 철학과 헛된 속임수가 교회에 들어온 것입니다. 복음을 왜곡할 뿐 아니라, 예수 그리스도를 축소합니다. 여기에 끌려가게 된 것입니다. 교회가 세상 속으로 들어가야 하는데, 반대로 세상 지식이 교회 안으로 들어옵니다. 이런 일은 허다합니다. 아마 예외가 없을 만큼 그 영향력이 지대합니다. 결국 어떻게 됩니까? 이성적으로 생각하며 경험적으로 판단하는 것 외에는 믿지 못하겠다는 것입니다. 분명 예수님을 주라고 고백하지만, 어떻게 이성적으로나 경험적으로 예수님이 주가 되시는지, 어떻게 그리스도를 아는 지식의 충만함에 이를 수 있는지, 어떻게 살아계신 그리스도를 분별할 수 있다는 말인지 믿지 못합니다. 항상 이성이 앞서고, 내 경험이 앞섭니다. 거기서 그리스도가 주가 되시지 못하는 현상이 일어나는 것입니다.

만물의 으뜸이 되시는 예수 그리스도

역사 안에 나타난 중요한 교훈에 귀를 기울여야 합니다. 하나님을 믿고 찬양하며, 하나님께 열심을 갖고 있지만, 예수 그리스도를 축소하고 복음을 왜곡하여 심판받는 일이 무수히 있습니다. 대표적인 것이 유대인입니다. 유대 종교입니다. 성경을 보십시오. 오늘도 보십시오. 유대인은 오직 하나님, 창조주 하나님을 말합니다. 하나님이 복을 주셔서 세계적인 석학들이 나타났다고 계속 자랑하지만, 예수님을 부정합니다. 위대한 민족일지는 몰라도, 예수님을 하나님으로 인정하지는 않는 것입니다. 예수님을 만물의 으뜸으로 생각하지 않습니다. 그래서 하나님으로부터 심판받는 것입니다. 복음을 거부합니다.

또한 이슬람은 어떻습니까? 구약은 거의 같고, 신약이 한 90퍼센트 같습니다. 이처럼 성경으로부터 이슬람이 나왔습니다. 그들은 하나님을 위하여 헌신하며, 하나님께 예배드리며, 많은 일을 했습니다. 도덕적으로 굉장히 훌륭한 일들도 많이 했습니다. 그러나 예수님을 부정합니다. 예수님을 만물의 으뜸으로 받아들이지 않습니다. 다만 위대한 선지자로 볼 뿐입니다. 결국 복음을 거부합니다. 세상에 있는 모든 이단이 그렇습니다. 성경 공부를 참 열심히 하고, 잘 가르치고, 많은 사람이 모이지만, 결국 예수님을 주로 영접하지 않는 것입니다. 그리스도의 복음이 희화화되고 축소됩니다. 여기에 문제가 있습니다. 거듭나지 않은 그리스도인들의 삶이 이러합니다. "하나님, 오직 하나님" 하면서도 예수님을 자꾸 격하시킵니다. 주가 되시지 못하게 합니다. 조금 예민한 내용이지만, 자꾸 예수님을 나의 친구라고 부릅니다. 찬송가가 그렇습니다. 찬송가는 성경이 아닙니다. 음도 좋고 가사도 좋은데, 그게 너무 마음에 안 듭니다. 괘씸합니다. 훌륭한 목회자로 인정받는 어떤 목회자는 모든 교인에게 이렇게 말합니다. "작은 예수가 되어야 합니다." 이것도 참으로 할 말은 아닙니다. 무엇인가 잘못되었습니다. 예수님을 어디다 놓는 것입니까? 만물의 으뜸이시므로 그것이 깨지면 모든 것이 깨지는 것입니다. 분명히 알아야 합니다.

어느 아이가 어머니와 함께 교회에 갔는데, 교회 안쪽의 정면 창문이 스테인드글라스로 되어 있었고, 거기에는 예수님의 형상이 잘 새겨져 있었습니다. 목사님이 설교하고 내려오는데, 앞에 앉아 있던 아이가 엄마에게 얘기합니다. "엄마, 목사님이 없으니까 예수님이 잘 보여." 그 말에 이 목사님이 내려오면서 찔림을 받고 이런 깨달음 가운데 회개했다고 합니다. '내가 하나님의 일을 힘쓰고, 교회를 위해 봉사하고 헌신하지만, 내가 그리스도를 축소하고, 그리스도의 복음을 잘못 전해서 그리스도의 영광을 가릴 수 있구나!' 성도 여러분, 정말 내게 그리스도는 누구십니까? 정말 주가 되십니까? 만물의 으뜸이십니까? 깊이 생각해야 할 것입니다.

왜 예수님은 만물의 으뜸이 되셔야 하는지, 그리고 예수님이 만물의 으뜸이 되시는 이유가 정확히 무엇인지를 우리는 알아야 믿습니다. 그래서 그 질문의 답이 오늘 성경에 기록됩니다. 예수님이 누구신지, 왜 만물의 으뜸이신지를 명확하게 계시하고 있습니다. 최소한 세 가지로 나타나 있습니다. 첫째는 이것입니다. "그는 보이지 않는 하나님의 형상이시요." 항상 묵상하시기 바랍니다. 하나님은 영이시니, 볼 수가 없습니다. 그런데 하나님의 형상인 예수 그리스도는 볼 수 있고, 만질 수 있고, 같이 대화할 수 있고, 음식을 먹을 수 있습니다. 육신으로 오셨습니다. "그분은 보이지 않는 하나님의 형상이다." 그래서 성경은 "독생하신 하나님이다"라고 선포하고 있는 것입니다. 성육신 사건이 그걸 의미합니다. 크리스마스의 메시지가 그것입니다. 임마누엘 하나님, 보이지 않는 하나님께서 나타나셨습니다. 이것보다 더 큰 기적이 어디 있겠습니까! 그런데 크리스마스의 메시지가 변질됩니다. 대신 산타클로스가 주인공이 되고, 구제하고 봉사하는 날인 줄 압니다. 아닙니다. 보이지 않는 하나님이 나타나셨습니다. 그래서 만물의 으뜸이라는 것입니다. 여기서 형상은 the image인데, 매우 실제에 가깝고 정확한 모습을 의미합니다. 그러므로 하나님이 구현된 것입니다. 예수 그리스도 안에 하나님의 신성, 능력, 인격, 말씀이 충만히 나타난 것입니다. 하나님에 대한 계시가 완전하게 나타났습니다. 그분이 예수님이십니다. 그래서 성자 하나님이십니다.

예수님께서 십자가를 지시기 전날 밤에 있었던 사건입니

다. 요한복음 14장 8절과 9절입니다. "빌립이 이르되 주여 아버지를 우리에게 보여주소서 그리하면 족하겠나이다 예수께서 이르시되 빌립아 내가 이렇게 오래 너희와 함께 있으되 네가 나를 알지 못하느냐 나를 본 자는 아버지를 보았거늘 어찌하여 아버지를 보이라 하느냐." 나를 본 자는 아버지를 보았다고 합니다. 성도 여러분, 예수님을 만나고 예수님을 안 사람은 하나님을 만나고 아는 것입니다. 그런데 예수님만 보이고 하나님이 아직 안 보인다면, "주여! 주여!" 하면서 하나님을 딴 데서 찾는다면 그것은 불신앙입니다. "예수님은 보이지 않는 하나님의 형상이다." 이것을 믿고 확신하며 오늘을 살아가야 합니다.

그리고 한 말씀 더 적혀 있습니다. "모든 피조물보다 먼저 나신 이시니." 먼저 나셨다는 것은 영어로 firstborn인데, 이 표현이 의미상 오해가 있을 수 있는 것은 '먼저 출생했다'라는 뜻이기 때문입니다. 예수님은 출생하실 분이 아닙니다. 그런데 다른 영어 성경을 찾아보니까, 'first place, priority'로 기록되어 있습니다. 이것이 정확한 번역입니다. '첫 번째 자리, 서열상 최우선이다.' 그래서 '만물의 으뜸'이라는 것입니다. 왜요? 창조 이전에, 만물이 나타나기 이전에 계신 분이기 때문입니다.

만물의 창조주 되시는 예수 그리스도

그리고 두 번째 이유는 이것입니다. "만물이 그에게서 창조되었다"라고 성경은 기록합니다. 예수님은 창조주이십니다. 창세기 1장 26절을 보십시오. 만물을 창조하기 이전에 "우리가 이렇게 하자" 하시며 계획을 세웁니다. 우리가 누구입니까? 하나님이 홀로 계시면, '우리'라는 말을 안 씁니다. 우리란 삼위일체 하나님을 가리킵니다. 아버지 하나님, 성자 하나님, 성령 하나님을 말합니다. "우리가 한번 의논하고, 이렇게 이렇게 하자." 특별히 인간을 창조하실 때, 우리가 우리의 형상을 따라 인간을 만들자고 해서 하나님의 형상을 입은 인간이 창조된 것입니다. 그때 이미 예수 그리스도께서 함께 하셨습니다. 그러므로 창조주이신 것입니다. 오늘 성경은 이어서 말씀합니다. "만물이 다 그로 말미암고 그를 위하여 창조되었고 또한 만물이 그 안에 함께 섰느니라." 다시 말해서 예수 그리스도께서 창조하셨고, 예수 그리스도를 위하여 만물이 창조되었고, 예수 그리스도 안에 만물이 굳게 섰습니다. 자세히 설명할 수는 없습니다. 어떻게 설명하겠습니까? 그러나 이것이 믿어져야 합니다. "예수 그리스도 안에 만물이 굳게 섰다." 오늘날 기독교를 비판할 때 "야, 기독교는 영혼 구원, 개인 구원만 말해. 만물과 상관없어"라고 하는데, 이러한 비판에 대한 대답이 이 말씀에 있습니다. "만물이 예수 그리스도를 위해 창조되었고, 예수 그리스도 안에 만물이 섰느니라." 깊이 생각해야 합니다.

  1세기에 그노시스라는 학파가 있었습니다. 큰 영향을 끼친 철학 사상인데, 오늘까지 계속됩니다. 그들 사상의 핵심은 이것입니다. 만물은 악하지만, 영은 선하다는 것입니다. 오직 영혼만이 선하다고 합니다. 이것을 별다른 생각 없이 들으면 그럴 수도 있고, 맞는 것도 같다고 생각할 수 있지만, 이건 아닙니다. 여기서 논리를 만들면 어떻게 됩니까? 하나님은 만물을 창조하시지 않았다는 게 됩니다. 왜요? 선하시고 거룩하신 하나님은 악한 만물을, 악한 물질을 창조하시지 않아야 합니다. 그러므로 하나님은 존재하시지만, 만물은 하나님과 관계가 없다는 이야기입니다. 이것은 참 무서운 말입니다. 여기서 불교가 나옵니다. 많은 철학사상이 나옵니다. 불교의 핵심이 이것입니다. "산은 산이요, 물은 물이다." 무슨 말입니까? 태초부터 산은 산 그대로 있었다는 것입니다. 물은 물로 있었고요. 창조를 부인하는 것입니다. 별개로 받아들이는 것입니다. 이게 범신론이 되고, 유물사상이 됩니다. 더 큰 문제는 예수 그리스도에 관해서입니다. 성육신을 부정하는 것입니다. 예수님은 믿지만, 공생애 3년만 잠깐 예수님이 인간의 몸에 들어가신 것이지, 성육신은 아니라고 합니다. 왜요? 어떻게 하나님이 육신을 입으실 수 있느냐는 것입니다. 물질과 육체는 악한데, 어떻게 그것을 입고 인간이 되실 수 있느냐는 것입니다. 결국은 예수님의 신격을 부정하는 것이 됩니다. 아주 교묘한 사탄의 계략입니다. 그래서 성경은 말씀합니다. "아니다. 예수님은 만물의 으뜸이시다! 예수 그리스도를 위해 만물이 창조되었고, 예수 그리스도 안에 만물이 있다!" 변증하는 것입니다.

교회의 머리이신 예수 그리스도

또한 세 번째 이유는 이것입니다. "그는 몸인 교회의 머리시다." 교회의 머리는 예수 그리스도십니다. 이 말은 교회의 주인이시요, 생명이시요, 능력이시라는 것입니다. 이게 실제라는 것을 말하고 있습니다. 정말 그렇게 믿고 살아가십니까? 교회는 하나님으로부터 출발한 것입니다. 인간이 만든 것이 아닙니다. 그런데 교회의 머리에 교황이 있고, 추기경이 있고, 성모 마리아가 있습니다. 이건 정신 나간 짓입니다. 개신교도 마찬가지입니다. 목사가 있고, 총회장이 있고, 또 성도들이 교회의 주인이라고 합니다. 이것도 정신 나간 짓입니다. 교회는 그리스도의 몸입니다. 주인은 항상 그리스도이셔야 합니다. 그리스도가 주가 되시면 교회는 하나님의 교회가 되는 것이고, 그렇지 못하면 한낱 종교 기관으로 전락하는 것입니다. 교회는 하나님 나라의 형상입니다. 그러므로 삼위일체 하나님의 주권과 통치가 나타나는 곳입니다. 구체적으로 하나님의 복음이 선포되고, 성령의 역사로 말미암아 중생의 역사, 거듭남의 역사가 나타납니다. 그로 말미암아 하나님의 자녀가 창조되는 것입니다.

그런데 오늘의 말씀은 그것보다 더 높은 수준의 메시지를 줍니다. 왜냐하면 창세 때, 하나님께서 인간을 창조하셨습니다. 하나님의 형상으로 창조하셨습니다. 동시에 인간에게 만물을 다스리는 권세를 주셨습니다. 그래서 아담이 모든 동물의 이름을 짓습니다. 그런데 사탄의 유혹으로 죄를 지어 그 권세를 잃어버립니다. 능력을 상실합니다. 권세가 상실됩니다. 그리고 에덴동산에서 추방되어 하나님과 분리됩니다. 그래서 세상이 엉망진창이 되고, 인간이 인간답지 못하게 된 것입니다. 그러니까 자연과 싸웁니다. 아니, 자연을 착취합니다. 자연을 다스리는 존재로, 책임적 존재로 인간을 창조하셨는데, 그 권세를 잃어버린 것입니다. 이제 예수 그리스도가 그 모든 권세를 치유하시고 회복시키십니다. 그래서 그리스도의 몸 된 교회가 있는 것입니다. 그 말씀이 오늘 성경에 기록된 것입니다. 그러므로 예수 그리스도가 교회의 머리가 되셔야 합니다. 다른 것은 뭐 좀 잘못하고 실수할 수 있습니다. 인간이 하는 일이기 때문입니다. 그러나 이건 틀림없는 고백이요, 확신이요, 지지가 되어야 합니다. '교회의 주인은 그리스도시요, 나의 주인은 그리스도이시다.' 그래야 교회와 그리스도인을 통하여 하나님의 역사가 나타나고 체험되는 것입니다.

성도 여러분, 이 서신을 기록한 사도 바울을 다시 한번 생각해 보십시오. 그는 성경을 깊이 알고 가르치는 사람입니다. 그럼에도 불구하고 예수님을 주라고 고백할 수가 없었습니다. 이성적으로, 자신이 알고 있는 성경의 논리로는 말이 안 되는 것입니다. 그래서 예수 믿는 자를 박해하고 죽이게 됩니다. 포획자요, 살인자요, 박해자가 됩니다. 괴수 중의 괴수입니다. 그런데 그는 어느 날부터 완전히 변화됩니다. 그리스도를 위하여 충성하고, 그리스도께 속한 자로 그리스도의 복음을 전하며 순교하지 않습니까? 도대체 무슨 일이 있었던 것입니까? 우리는 다 압니다. 단 하나의 사건입니다. 살아계신 그리스도를 다메섹 도상에서 만난 것입니다. 내가 찾은 것이 아닙니다. 그리스도가 나를 찾아오셨습니다. 내가 그 은혜를 입었습니다. 눈이 떠졌습니다. 그래서 성경 기록을 보면, 3년간 그의 자취가 없습니다. 왜요? 아라비아에 가서 성경을 다시 묵상했을 것입니다. '난 성경을 도대체 어떻게 이따위로 읽어 예수를 잘못 알게 되었나? 메시아를 잘못 알았나?' 그래서 다시 예수 그리스도 안에서, 성령의 역사를 통해서 깊이 묵상하며, 하나님의 뜻을 분별하게 됩니다. 복음을 듣게 됩니다. 다시 예수 그리스도가 누구신지를 확신하게 됩니다. 그리고 오늘 서신을 기록하는 것입니다. "예수님은 만물의 으뜸이시다." 성도 여러분, 이 신앙고백과 확신 속에서 내 삶에 그리스도가 주가 되시는 삶을 체험하며 고백하며 살아가십니까?

보혜사 성령께서는 우리를 항상 예수 그리스도께로 인도하며, 예수 그리스도가 나의 주가 되게 하십니다. 그리스도를 본받고 따르며, 그리스도의 영광을 나타내게 하십니다. 그 삶을 통하여 담대하고 권세 있는 인생을 살아갑니다. 그 현장에서 내게 주신 하나님의 말씀이 기억날 것이고, 또한 때를 따라 필요한 은혜가 나타날 것이고, 하나님의 이름을 영화롭게 하는 승리의 삶을 살아가게 되는 것입니다.

기도

창조주이시며 거룩하신 하나님 아버지, 오직 예수 그리스도를 나의 구주로 영접하여 하나님의 은혜로 말미암아 믿음으로 하나님의 자녀가 되었지만, 아직도 그리스도를 아는 지식의 충만함에 이르지 못하고, 때로는 그리스도가 나의 주가 되심을 거부하여 복음의 능력을 체험하지 못하고, 하나님의 자녀답게 살아가지 못하고, 은혜로 은혜 되게 하지 못하고, 하나님의 이름을 망령되이 일컬으며 살아가는 어리석은 죄인을 용서하여 주옵소서. 나의 주 성령이시여, 진실로 예수 그리스도가 나의 주가 되게 하시어 자발적인 심령으로 주의 마음과 지식과 생각을 본받으며, 주를 따르는 삶을 통하여 주의 권세를 힘입어 이 땅에서 담대한 인생을 살며, 하나님의 이름을 영화롭게 하는 복음의 증인으로 승리할 수 있도록 지켜주옵소서. 우리 주변에 예수 그리스도를 알지 못하고 또한 잘못 아는 많은 무리가 있습니다. 이제 우리가 그들을 불쌍히 여기며, 깨어 기도하며, 주의 복음을 담대히 증언하여 세상의 구주로 그리스도가 나타나는, 인정되고 고백 되는 놀라운 역사가 있게 하여주옵소서. 주 예수 그리스도의 이름으로 간절히 기도드리옵나이다. 아멘.

07

그의 십자가의 피

아버지께서는 모든 충만으로 예수 안에 거하게 하시고 그의 십자가의 피로 화평을 이루사 만물 곧 땅에 있는 것들이나 하늘에 있는 것들이 그로 말미암아 자기와 화목하게 되기를 기뻐하심이라 전에 악한 행실로 멀리 떠나 마음으로 원수가 되었던 너희를 이제는 그의 육체의 죽음으로 말미암아 화목하게 하사 너희를 거룩하고 흠 없고 책망할 것이 없는 자로 그 앞에 세우고자 하셨으니 만일 너희가 믿음에 거하고 터 위에 굳게 서서 너희 들은 바 복음의 소망에서 흔들리지 아니하면 그리하리라 이 복음은 천하 만민에게 전파된 바요 나 바울은 이 복음의 일꾼이 되었노라 _**골로새서 1:19-23**

07
그의 십자가의 피

　미국의 저명한 목회자인 존 맥아더 목사님이 우연히 비행기에서 만난 어떤 무슬림과 나눈 대화를 항상 잊을 수가 없다고 하면서 그의 책에 자세하게 그 내용을 소개했습니다. 목사님은 비행기에서 만난 무슬림에게 질문했습니다. "선생님은 죄를 짓습니까?" 그러자 그 사람은 대답합니다. "물론이죠. 늘 죄를 짓습니다." 다시 목사님이 물었습니다. "죄를 지은 사람은 어떻게 됩니까?" 그는 대답합니다. "그야 물론 지옥에 가겠죠." 다시 맥아더 목사님이 묻습니다. "그런데 왜 계속 죄를 지으십니까?" 그는 이렇게 말합니다. "어쩔 수가 없습니다." 그래서 목사님이 다시 물었습니다. "선생님은 그

릴 때마다 어떤 바람이 있습니까?" 그는 대답합니다. "알라신이 저를 용서해 주기만 바랄 뿐입니다." "그런데 알라신이 선생님을 용서하실까요?" 이 질문에 그는 곰곰이 생각한 후, 이렇게 대답했습니다. "그건 저도 잘 모르겠습니다." 이 잊지 못할 경험을 소개하며 존 맥아더 목사님은 이렇게 기록하고 있습니다. "그것은 속죄도, 용서의 근거도, 구세주도 없는 종교였다. 하지만 우리에게는 그들을 위한 메시지가 있다. 바로 구세주가 있다는 사실이다." 깊이 생각해 보시기 바랍니다.

복음의 핵심, 예수 그리스도

로마서 3장 23절에 기록된 하나님의 말씀입니다. "모든 사람이 죄를 범하였으매 하나님의 영광에 이르지 못하더니." 성도 여러분, 이것이 하나님의 관점이요 판단입니다. 거듭난 그리스도인은 항상 하나님의 말씀으로부터 생각해야 합니다. 이 말씀으로부터 인간은 누구이고 어떤 상태에 이르렀는지를 질문하고, 그 답을 얻어야 합니다. 인류는 죄의 권세 아래 있다고 성경은 선포합니다. 모두가 죄인이며, 의인은 없되 하나도 없다고 말씀합니다. 이것이 오늘 세상의 상태입니다. 거룩한 하나님은 죄를 미워하시고, 심판하십니다. 성경은 명백히 기록하고 있습니다. 그래서 모든 인류가 하나님의 심판대 아래, 하나님의 진노 아래 처해 있는 것입니다. 죄의 문제를 해결함이 없이는 하나님께 가까이 갈 수 없습니다. 죄를 해결하지 않고는 그 누구도 하나님과 함께할 수 없고, 하나님과 바른 관계를 맺을 수 없고, 하나님의 영광에 이를 수 없습니다. 한마디로 천국에 들어가지 못합니다. 아무리 기도해 봐야 응답받지 못합니다. 그래서 하나님께서는 이 모든 상황을 아시고 독생자 예수 그리스도를 세상 속으로 보내셨습니다. 그리고 십자가에 죽게 하셨습니다. 왜 하나님은 이렇게까지 하신 것입니까? 왜 하나님은 성자 하나님을 세상에 보내시며, 십자가에서 피를 흘려 죽게 하신 것입니까? 그것은 바로 하나님의 성품으로 말미암은 것입니다. 먼저는, 사랑의 하나님이시기 때문입니다. 하나님은 사랑이십니다. 그러기에 그 사랑의 마음으로, 비록 죄인이고 하나님과 원수 된 사람들이지만 불쌍히 여기시며 긍휼을 베푸신 것입니다. 더 나아가 하나님은 은혜로우신 하나님이십니다. 풍성한 은혜의 소유자이시기에 그 은혜를 나타내실 수밖에 없었던 것입니다. 더 나아가 하나님은 의롭게 하시는 하나님이십니다. 오직 의의 하나님은 창조주 여호와 하나님뿐이십니다. 그러기에 죄인을 의롭게 하시기 위하여 독생자를 보내셨고, 십자가에 죽게 하신 것입니다. 항상 기억해야 합니다.

그러므로 하나님의 복음의 핵심은 예수 그리스도입니다. 예수 그리스도 안에 나타난 그 무엇입니다. 예수 그리스도 안에 명백히 나타난 하나님의 지혜와 능력과 계획과 행동이 중요한 것입니다. 그것을 알고, 믿고, 묵상하며 오늘을 살아가야 합니다. 복음의 메시지는 오직 십자가입니다. 핵심은 예수님의 십자가 사건입니다. 그래서 우리는 그것을 '십자가의 복음'이라고 말합니다. 한번 생각해 보십시오. 왜 성자 하나님이 인간이 되시어 세상 속으로 들어오셨습니까? 성육신의 목적은 무엇입니까? 성육신의 신비란 무엇입니까? 많은 진리가 성경에 기록되어 있지만, 궁극적인 최종 목적은 십자가에서 죽으시는 것이었습니다. 그러니 인간이 되신 것입니다. 육신이 없는데, 어떻게 피 흘려 죽으시겠습니까? 십자가의 복음이 구원의 완성인데, 예수님께서 십자가에서 피 흘려 죽으시기 위하여 육신을 입고 세상에 들어오신 것입니다. 이것을 분명히 기억해야 합니다. 그래서 종교개혁자들은 오직 복음을 외치면서 십자가의 복음에 집중했습니다. 십자가의 신학에 전념했습니다. 십자가의 도에 목숨을 걸었습니다. 그로 인하여 온갖 박해를 받고, 죽음의 위협을 당하며, 때로는 순교했던 것입니다. 그러나 오늘날은 그런 일을 보기가 쉽지 않습니다. 말로는 오직 십자가의 복음을 얘기하는데, 도대체 정말 그것이 십자가의 복음인지 모르겠습니다. 다 왜곡되었습니다. 가감되었습니다. 한마디로 복음이 실종되었습니다. 정확히 말하면, 복음은 말하지만, 십자가의 복음, 십자가의 도는 희석된 것입니다. 여기에 문제가 있습니다.

미국 상원의 채플린이었던 리처드 핼버슨 목사님이 기독교 교회사를 단 다섯 문장으로 명료하게 자신의 책에 기술했습니다. "최초의 교회는 살아계신 그리스도를 중심으로 한 공동체였다. 그 후에 교회는 그리스로 건너가서 철학이 되었다. 그리고 교회는 로마로 건너가서 제도가 되었다. 그리고 교회는 유럽으로 건너가서 문화가 되었다. 그리고 마침내 미국으로 왔을 때 교회는 기업이 되었다." 그런데 거기다가 하나 더 덧붙인 이야기가 있습니다. "그 교회가 한국에 와서 대기업이 되었다." 참 웃지 못 할 일입니다. 비행기에서 내려다 보면 온통 십자가입니다. 십자가가 그렇게 많이 보입니다. 엄청난 교회의 숫자를 자랑하는데, 정말 하나님의 교회인지는 의문이 듭니다. 성도 여러분, 왜 이렇게 교회가 변질된 것입니까? 십자가의 복음에 집중하지 못했기 때문입니다. 십자가의 메시지가 변질되었기 때문입니다. 복음이 가감되고 왜곡되었기에 이러한 현상이 벌어진 것입니다. 항상 기억해야 할 것입니다.

변질된 십자가의 복음

현대 사회를 일컬어 '포스트모더니즘 시대'라고 말합니다. 더 나아가 '포스트 포스트모더니즘'이라고까지 말합니다. 이것의 특징은 절대 진리를 인정하지 않는 것입니다. 절대성을 다 상대화시키고 다양화시키는 것입니다. 물론 상대성, 다양화에 많은 유익이 있지만, 가장 중요한 것은 절대 진리가 설 자리가 없다는 것입니다. 다 상대화시키고 마는 것입니다. 이러한 세상의 관점과 지식이 이제 교회 안으로까지 들어옵니다. 그리고 교인들 안에, 목회와 신학자들의 생각에도 자리 잡습니다. 그러다 보니 절대 진리가 설 자리가 없습니다. 자꾸 애매모호해지고 희석됩니다. 오직 십자가의 복음을 말한다고 하지만, 실제로는 타협하고 있습니다. 오직 예수 그리스도만이 세상의 구주요 구세주이심을 선언한다고 말하지만, 처음에는 믿었을지 몰라도 삶 속에서는 애매모호해집니다. 그래서 타 종교도 인정하고, 대화해야 할 것이 아니냐고 말합니다. 성도 여러분, 뭔가 잘못되고 있는 것입니다. 유일한 구세주요 구주이신 예수 그리스도께서 인류의 죄를 대속하시기 위하여 세상에 오셨고, 십자가에서 죽으셨습니다. 이것이 복음의 선포입니다. 이것이 십자가의 도입니다. '성자 하나님께서 세상에 오셨고, 십자가에서 피 흘려 죽으셨다.' 이것을 항상 기억해야 합니다. 세상에 수많은 종교가 있어 비록 그 안에서 도덕적인 진리를 가르치고, 많은 사람에게 유익을 준다고 할지라도, 중요한 것은 거기에는 죄의 해결책이 없다는 것입니다. 어느 종교에도 없습니다. 스스로 알아서 해야 합니다. 많은 고행과 수행을 하며, 많은 공로를 쌓아야 죄 사함을 받을 수 있습니다. 감당되시겠습니까? 극소수만 가능한 것입니다.

더욱 큰 문제는, 의롭다고 칭함을 받을 길이 없다는 것입니다. 미천한 죄인이기에 의인이 될 수가 없다는 말입니다. 어떻게 신과 대화를 나누고, 신께 기도하고 응답받겠습니까? 그러므로 하나님과 화목할 수 없습니다. 하나님과의 화평은 그냥 막연한 것입니다. 해결책이 없습니다. 있다고 내놓는 것도 한마디로 추상적입니다. 그래서 하나님이 보시기에 "온갖 우상"이라고 성경은 말씀합니다. 하지만 분명한 것이 있습니다. 예수 그리스도께서 육신을 입고 세상에 오셨고 나 같은 죄인을 위하여, 내 죄를 대속하기 위하여 십자가에서 죽으셨습니다. 이것은 변함없는 영원한 진리입니다.

이런 이야기가 있습니다. 시골에 살고 있던 할머니가 며느리의 전도로 예수님을 믿게 되었습니다. 이제 세례를 받아야겠는데, 세례문답을 공부하는 게 여의치가 않습니다. 목사님이 답답해서 며느리에게 신앙교육을 시키라고 부탁했습니다. 그래서 이 며느리가 여러모로 세례문답 교육을 시켰지만, 어렵습니다. 그래서 적중 문제를 냈습니다. "틀림없이 목사님께서 '예수님이 왜 돌아가셨습니까?'라고 물으실 텐데, 이거 꼭 정확하게 대답해야 합니다. 이렇게 대답하세요. '내 죄 때문입니다. 내 죄를 대속하기 위하여 십자가에 죽으셨습니다.'" 이제 세례문답 시간이 되어서 목사님 앞에 섰는데, 정말 적중했습니다. 목사님이 물었습니다. "예수님이 왜 돌아가셨습니까? 예수님이 왜 십자가에서 피 흘려 돌아가셨습니까?" 그래서 이 할머니가 며느리가 가르쳐준 대로 대답했는데, 아주 엉뚱한 대답을 했습니다. "며느리 죄 때문이라는데요. 며느리가 분명히 '내 죄 때문에 돌아가셨다'고 하더라고요." 성도 여러분, 나는 정말 예수님께서 인류의 죄를 대속하시기 위하여, 나의 죄를 대속하시기 위하여 십자가에서 피를 흘리며 돌아가셨다고 매일매일 고백하며, 그 은혜에 감사하며 살아가십니까? 아니면, 누구 때문에 돌아가신 것입니까? 세상 죄 때문입니까? 저 악인들 때문에 돌아가신 것입니까?

깊이 생각해야 합니다.

골로새 교회에 문제가 터졌습니다. 하나님의 복음을 들으므로 믿는 자의 수가 많아져서 공동체를 이루며 교회가 세워졌지만, 시간이 지나면서 뭔가 잘못되어 가고 있었습니다. 복음의 열매도 나타나지 않고, 믿음이 잘못되고, 소망이 변질되며, 진리에서 떠난 삶이 자연스럽게 자꾸 나타났습니다. 그 핵심적인 문제가 어디에 있는가를 오늘 성경은 말씀해 주고 있습니다. 십자가의 복음이 변질된 것입니다. 예수 그리스도의 십자가의 죽음, 그 진리가 상대화되고 내 안에 절대 신앙으로 자리 잡지 못한 것입니다. 절대 진리가 상대화되고 있습니다. 그 결과 그리스도를 아는 지식이 왜곡되고, 영생의 삶이 나타나지 않게 된 것입니다.

그래서 성령께서 사도 바울을 통하여 이 서신서를 기록하게 하십니다. 오늘 성경은 이렇게 선포하고 있습니다. "아버지께서는 모든 충만으로 예수 안에 거하게 하시고 그의 십자가의 피로 화평을 이루사." 다시 한번 해석하겠습니다. 창조주 하나님의 모든 신령한 능력이, 지혜가 충만하게 예수 그리스도 안에 나타났다는 것입니다. 하나님께서 그렇게 하신 것입니다. 예수님의 육신 안에 하나님의 신령한 지혜와 능력이 충만하게 나타나게 하셨습니다. 그리고 그 신적 충만함으로 무엇을 하신 것입니까? 십자가의 죽음입니다. 십자가의 피입니다. 이것을 잊어서는 안 됩니다. 오늘 성경말씀은 20절에서 말씀합니다. "그의 십자가의 피로." 성도 여러분, 인간의 관점으로 보면 힘과 능력이 없어서 끌려가서 죽는 것이지만 또는 종교적 관점에서 보면 고고하게 희생된 것이지만, 그런 얘기가 아닙니다. 하나님의 신령한 충만함이, 그 능력이 예수 그리스도 안에 거하시는데, 그 성자 하나님께서 그 능력으로 뭘 하셨습니까? 십자가에서 피 흘려 죽으셨습니다. 이것이 십자가의 복음입니다. 그 복음을 믿음으로, 그 은혜로 말미암아 우리가 죄 사함을 받고, 하나님의 자녀가 된 것입니다.

성도 여러분, 십자가의 피란 예수님의 죽으심을 말하는 것입니다. 육신을 입고 오셨기에 피 흘려 죽으십니다. 바로 여기에 하나님의 지혜와 능력이 나타났다는 것입니다. 예수 그리스도 안에서 하나님께서 행하신 일이 바로 이 일입니다. 그 능력으로 많은 이적을 행하고, 죽은 자를 살리고, 경제 문제와 정치 문제를 다 해결할 수 있지만, 그래봐야 아무 소용이 없습니다. 또 다시 죄에 빠져서 제멋대로 살아갈 것이니까요. 하나님께서 행하신 일은 예수 그리스도 안에서 그 신적 능력으로, 충만한 권세로 십자가에 예수님을 죽이신 것입니다. 우리는 가야바가 원흉이고, 빌라도가 나쁜 놈이고, 가룟 유다가 정말 악질 중 악질이라 생각하지만, 그건 인간의 생각입니다. 하나님의 관점, 하나님의 판단에서는 하나님께서 이 일을 행하신 것입니다. 우연히 갑자기 된 일도 아닙니다. "창세 전에 계획하셨다." 이미 계획하시고 뜻을 정하셔서 정확한 시간에 예수님을 보내시고, 정확한 때에 예수님을 십자가에 죽게 하신 것입니다.

성육신의 목적은 십자가 사건입니다. 십자가에서 죽으시기 위하여 육신을 입으신 것입니다. 이것을 잊어서는 안 됩니다. 이건 사건이지, 말이 아닙니다. 글이 아닙니다. 역사적 사건입니다. 예수님을 믿든 안 믿든, 예수님의 십자가의 죽음은 다 인정합니다. 역사적인 사건이니까요. 그런데 인간의 관점으로 볼 때, 세상의 지식으로 볼 때 이것은 종교창시자의 죽음일 뿐입니다. 선한 사람이 의롭게 죽은 것뿐입니다. 힘없이 끌려가서 로마 군병들에게 십자가에 달려 죽으신 사건입니다. 하지만 그런 일이 아닙니다. 성경 전체는 뭐라 말씀합니까? 하나님께서 행하신 일이라고 말씀합니다. 악인의 손을 빌리시어 하나님께서 일으키신 사건입니다. 그래서 성경은 하나님의 충만하신 능력이 예수 그리스도 안에 거하고, 십자가의 피로 이루신 사건이라고 말씀합니다. 하나님께서 행하신 일이 바로 이것입니다. 이처럼 성경은 십자가를 말하고 예수 그리스도를 말하는데, 하나님이 무슨 일을 하셨고 오늘은 무슨 일을 하고 계시느냐고 질문하는 것은 잘못된 것입니다. 십자가의 복음은 명료하게 설명하고 있습니다. 오늘 성경은 말씀합니다. "그의 십자가의 피로." 절대 잊어서는 안 됩니다.

십자가의 피로 이룬 하나님과의 화평

성도 여러분, 십자가의 복음, 예수님의 십자가 사건은 인간의 관점과 세상의 지식으로는 도저히 이해할 수 없습니다. 이해 불가능한 것입니다. 그럴듯한 것 같은데, 그렇지 않습니다. 말이 안 되기 때문입니다. 전지전능하신 하나님께서 뭐가 답답하셔서 이런 일을 행하십니까? 예수님의 생애를 보면 바다를 건너고, 경제 문제를 해결하고, 죽은 자를 살리십니다. 그런데 뭐가 답답하셔서 그 고통을 무릅쓰시고 십자가에서 죽으셔야 하는 것입니까? 인간의 지식으로는, 이성적 능력과 경험으로는 이해 불가능입니다. 그러나 하나님의 관점과 말씀으로는 충분히 이해가 됩니다. 타락한 이성이 중생함으로, 거듭난 그리스도인의 이성으로 가능합니다. 성경은 그것을 자세히 기록합니다. 이제 성경이 그대로 믿어집니다. 죄의 권세, 사탄의 권세, 이것은 인류의 적입니다. 그래서 사탄의 유혹에 빠져 죄를 짓고, 죄의 종이 되어서 하나님의 심판 아래 놓여 있는 것입니다. 거룩하신 하나님은 반드시 심판하십니다. 죄를 심판하십니다. 성경에 얼마나 많은 사건이 기록되어 있습니까? 그것을 불쌍히 여기신 것입니다. 그러한 상황에 처한 줄도 모르고 자행자지하면서 인간의 행복을 논하고, 성공을 논하고 있으니 너무나 불쌍한 것입니다. 자기가 모른다는 사실도 모릅니다. 그래서 하나님께서 십자가 사건을 일으키신 것입니다.

로마서 6장 23절의 말씀입니다. "죄의 삯은 사망이다." 이것은 창세기부터 요한계시록까지 일관된 하나님의 선언이요, 하나님의 행동이었습니다. 죄의 삯은 사망입니다. 반드시 죽습니다. 하나님께서 심판하십니다. 그 결과 하나님의 형상을 잃어버렸습니다. 에덴동산에서부터 죄를 짓고, 하나님의 형상이 무너지기 시작합니다. 그리고 죽은 영혼으로 살아갑니다. 아니, 영혼이 있는지도 모릅니다. 아무리 지식이 많아도 자기가 영혼이 있는 존재인지도 모릅니다. 얼마나 불쌍합니까? 성경은 말씀합니다. "하나님께서 그대로 내버려두셨다." 죄의 노예가 되도록 말입니다. 왜요? 이 순간에 자유의지로 하나님 대신 인간을 택했고, 죄를 지은 것입니다. 그래서 내버려두셨다고 로마서 1장에 세 번이나 반복하여 선언됩니다. "내버려두셨다." 그것이 인간의 탐심과 정욕입니다. 우리 모두가 거기에 끌려가고 있습니다. 아직도 그 잔재가 남아있습니다. 그렇기에 항상 두려움입니다. 혼란입니다. 불안입니다. 절망입니다. 그래서 세상은 어둠이라고 성경은 선언합니다. 더욱이 최후의 심판이 우리 앞에 다가오고 있는지도 모릅니다. 의의 심판입니다. 하나님이 마음대로 판단하시는 것이 아니라, 하나님의 의의 기준으로 심판하신다고 성경은 명백히 선언합니다. 이제 다 지옥 가야 합니다. 영원히 그 죽음의 형벌 속에 살아가야 합니다. 얼마나 불쌍합니까! 그래서 하나님께서는, 은혜가 풍성하시고 사랑으로 충만하신 하나님께서는 예수님을 보내시고, 십자가에서 피 흘려 죽게 하신 것입니다.

또한 십자가의 피는 구약의 성취입니다. 구약에서 보면, 죄의 문제를 해결하기 위해 하나님께서 은혜를 베푸셔서 임시방편인 제사 제도를 허락하셨습니다. 동물의 피로 죄를 전가시켜서 임시로 죄 사함을 받는 것입니다. 그런데 이제는 그럴 필요가 없습니다. 십자가의 피로 단번에 영원히 죄 사함을 받는 길이 나타난 것입니다. 이것이 십자가의 복음입니다. 그것을 일으키시기 위해서 예수님은 인간이 되셔야 했습니다. 십자가 안에 죄를 미워하시고 심판하시는 하나님의 진노가 나타납니다. 그래서 피 흘려 죽으셔야 하는 것입니다. 피의 대가가 있어야 하는 것입니다. 동시에 하나님의 긍휼과 사랑이 죄인을 향하여 나타납니다. 하나님의 진노와 하나님의 사랑이 동시에 십자가 사건 속에 나타납니다. 나 같은 죄인이 어떻게 하나님의 자녀가 되었는지, 우리는 그 십자가를 보면서 항상 그 은혜를 깨닫게 됩니다. 하나님이 행하신 일을 성경대로 진리 안에서 깨닫고 고백하게 됩니다. 내가 얼마나 귀한 존재이기에 예수님께서 십자가에 피 흘려 돌아가셨는지, 내 죄를 대속하시기 위하여 어떻게 하나님이신 성자께서 십자가에 피 흘려 죽으셨는지 다시 생각하게 됩니다.

성도 여러분, 이 십자가의 피의 목적이 무엇입니까? 오늘 성경은 명백하게 단 하나였음을 선언하고 있습니다. 이것이 성경 전체의 메시지입니다. 화목, 즉 화평입니다. 하나님과 죄인은 화평할 수 없습니다. 의인이어야 하는데, 심판 아래 있는 죄인을 살리시기 위해서, 하나님과 바른 관계를 맺게 하시기 위해서, 하나님과 화평하고 화목한 인생을 살게 하시기 위해서, 십자가의 피가 있어야 하는 것입니다. 오직 그리스도교에만 있는 것입니다. 이것이 복음의 선포입니다.

성도 여러분, 그럼에도 불구하고 이 십자가의 복음이 얼마나 왜곡되어 있습니까? 예수 그리스도의 이름으로 소원성취, 부와 건강과 번영, 세상의 유토피아, 평화를 말합니다. 그러면서도 자신들이 무슨 짓을 하고 있는지 전혀 생각하지 않고, 하나님 앞에 어떤 존재인지를 알지 못한 채 단지 자신들만 행복하고 잘살게 해달라는 것입니다. 그건 종교입니다. 그런데 기독교와 교회 안에도 이런 일이 만연합니다. 오늘도 보십시오. "복음 통일." 무슨 이런 말이 있습니까? 예수님이 십자가에서 피 흘려 돌아가셨고, 그 목적은 오직 화목과 화평이라고 성경은 말씀하는데, 우리가 가감하는 것입니다. 왜요? 대한민국 사람들은 통일, 번영, 민주화, 화평, 공평을 좋아해서 그런지 복음에다 붙였는데, 그렇게 붙일 이야기가 아닙니다. 십자가의 피의 목적은 오직 화목과 화평입니다. 하나님과 바른 관계를 맺어 하나님과 화평하여 하나님과 함께하며, 동행하며, 하나님이 주신 복을 누리며, 하나님께 영광 돌리는 삶을 살아가게 하기 위해 하나님께서 일으키신 사건이 십자가의 피입니다. 성자 하나님의 피입니다. 그래서 십자가에 죽으셨다는 사실을 항상 기억해야 합니다.

이처럼 하나님과 화목한 관계를 맺기 위해서는, 지속하기 위해서는 절대 조건 몇 가지가 있습니다. 먼저는 죄가 없어야 합니다. 죄를 지을 수밖에 없는 인간이기에 죄의 해결책이 있어야 합니다. 그래서 인간에게 제일 필요한 것이 무엇입니까? 죄 사함입니다. 죄 사함의 은총이 필요하기에 십자가에서 피 흘려 죽으신 것입니다. 거룩하신 하나님께서 죄를 심판하시기 위해서는 죄 사함이 절대적으로 필요합니다. 더 나아가 의인이 되어야 합니다. 거룩하신 하나님 앞에는 의로운 자가 아니면 설 수 없습니다. 그렇기에 죄인에게 가장 필요한 것이 무엇입니까? 바로 '의인 됨'(Justification)입니다. 의롭지는 않지만, 하나님께로부터 의롭다고 칭함을 받아야 하나님 앞에 나아가며, 은혜를 누리며, 하나님께 기도하고 응답받으며 살아갈 수 있습니다. 하나님께서는 십자가의 피로 말미암아 하나님의 의를 전가시켜 주신다고 약속하십니다. 의롭게 하신 하나님이 십자가의 피의 사건으로 나타나신 것입니다. 더 나아가서 하나님의 자녀가 되어야 합니다. 그러므로 하나님과 화목하기 위해서 인간이 가장 필요한 것은 이제 '자녀 됨'(Adoption)입니다. 우리가 하나님의 자녀가 될 수 있는 조건은 아무것도 없습니다. 그러나 양자로 받아주십니다. 양자 됨, 이것이 십자가 복음의 결과입니다. 오직 하나님의 은혜로 말미암아 미천한 죄인의 죄를 사하시고, 의를 주시며, 하나님의 자녀로 받아주십니다. 이것이 십자가의 피로 된 것입니다. 더 나아가 하나님과 화평의 관계를 지속해야 합니다. 그래야 승리하는 삶을 살아갈 수 있습니다. 어떻게 가능합니까? 거룩해야 합니다. 거룩하신 하나님 앞에 거룩하고 흠이 없어야 합니다. 그것이 바로 '성화'(Sanctification)입니다. 우리에게는 성화가 필요한데, 내 능력으로는 안 됩니다. 십자가의 피로 가능해진 것입니다. 날마다 회개와 믿음으로, 십자가의 지혜와 능력으로 정결해지고 깨끗해지는 것입니다.

하나님이 행하시는 구원의 역사

성도 여러분, 이 엄청난 구원의 역사가 하나님께서 행하신 일입니다. 예수 그리스도 안에서 행하신 일입니다. 가르침이나 이적이 아닙니다. 십자가의 피입니다. 한시도 잊어서는 안 됩니다. 이 모든 것을 우리는 은혜라고 합니다. 십자가의 피도 은혜요, 성령을 주셔서 깨닫게 하시고 믿게 하시며 확증하게 하시고 증인으로 살게 하신 것, 모든 것이 은혜입니다. 그 은혜를 따라 우리는 승리할 수 있습니다. 그리고 이 십자가의 피는 최종 승리입니다. 죄에 대한 승리요, 죽음에 대한 승리요, 세상에 대한 승리요, 사탄에 대한 승리요, 율법에 대한 승리입니다. 성경은 그것을 명백히 선포하고 있습니다. 그래서 골로새서를 읽다 보면, 십자가로 승리하셨다고 기록하고 있습니다. 오직 십자가로 승리하는 것입니다. 이것을 잊어서는 안 됩니다.

남아프리카의 성자로 불리는 앤드류 머레이 목사님이 쓰신 『예수님의 보혈의 능력』(*The Power of the Blood of Jesus*)이라는 고전이 있습니다. 그 책에서 예수님이 죽으시고 다시 살아나심으로 사탄과 그가 지니고 있는 모든 권세에 대한 승리를 이루신 것은 오직 어린 양의 피로 말미암은 것이며, 이 승리는 다음 세 가지를 의미한다고 기록하고 있습니다. 첫째가 단번에 이루어진 승리입니다. 둘째가 영원히 지속될 승리입니다. 셋째가 우리가 참여하는 승리입니다. 이 세 번째에 대해서 조금 더 설명해 드리겠습니다. 어린 양의 피로 사탄을 정복하고 승리하기를 간절히 원하는 자는 반드시 사탄과 싸우는 자가 되어야 합니다. 내가 주님과 하나가 되어 있으면 주님께서 친히 내 안에 살아계시고, 나를 위하여 취득하신 그 승리를 내 안에서 유지해 주십니다. 그러므로 사탄은 아무런 능력이 없습니다. 이제 우리는 하나님과 완전한 화목에 더 깊이 들어가는 것을 추구해야 합니다.

성도 여러분, 십자가의 피로 이루는 것이 하나님과의 화목입니다. 귀한 선물입니다. 붙잡고 유지하며, 그 속으로 들어가야 복 있는 자로 날마다 승리할 수 있습니다. 하나님의 사람 사도 바울을 기억해 보십시오. 위대한 사도 바울, 2차 선교 여행을 떠나는 중에 수많은 사건 속에서 성령 충만하여 깨닫습니다. 그리고 최종 결심을 내립니다. 인생에서 가장 중대한 결단을 내립니다. 고린도전서 2장 2절의 말씀입니다. "내가 너희 중에서 예수 그리스도와 그의 십자가에 못 박히신 것 외에는 아무것도 알지 아니하기로 작정하였음이라." 오직 십자가의 복음을 전했지만, 하나님의 일에 힘쓰고 수많은 사람을 만나며 박해를 받고 감옥에 갇혔지만, 이 많은 사건 속에서 어느덧 십자가의 복음이 자꾸 약화되기 시작합니다. 더 중요한 다른 것이 많아집니다. 이제 그는 다시 결심합니다. 오직 예수님의 십자가 외에는, 정확히 말하면 십자가의 피 외에는 관심을 두지 않겠다고 합니다. 십자가의 도에만 전념하겠다고요. 왜요? 그 복음만이 나를 승리하게 하니까요. 그 복음만이 나를 자유하게 하고, 그 복음만이 하나님의 복을 누리는 유일한 길이기 때문입니다.

성도 여러분, 예수 그리스도의 십자가의 피만이 우리를 하나님께 가까이 가게하며, 하나님과 화목할 수 있게 합니다. 이 위대한 진리를 항상 기억해야 합니다. 이 복음에서 떠나면 우리는 실패할 수밖에 없습니다. 예수 믿기 이전 사람으로 돌아갈 수밖에 없습니다. 오직 십자가의 피, 그 사건과 십자가의 복음 안에 내가 있는 것입니다. 그래야 죄에 대하여, 자아에 대하여, 세상에 대하여 승리하며 오늘을 살아갑니다. 그러기 위해서는 사도 바울과 같은 최종 결단을 내려야합니다. 오직 십자가입니다. 십자가의 복음에 집중하고, 십자가의 도를 묵상하고, 십자가의 길을 따라가야 합니다. 십자가 안에 나타난 하나님의 구원의 역사를 정확하게 알고, 믿고, 확신하며, 그 은혜에 응답하며, 그 은혜에 합당한 삶을 살아야 그 속에서 하나님의 말씀이 내게 사건이 되며, 날마다 승리하는 권세 있는 인생을 살아갈 수 있는 것입니다.

기도

창조주이시며 거룩하신 하나님 아버지, 이 어두운 세상에 미천한 죄인을 위하여 독생자를 보내주시고, 십자가에 죽게 하시어 그 보혈의 피로 말미암아 믿음으로 하나님의 자녀 되어 이제는 영적인 눈을 뜨고 복음의 비밀을 알게 하시며, 복음의 지혜와 능력을 체험케 하시며, 어두운 세상에서 빛의 자녀로 오직 그리스도의 영광을 나타내는 권세 있는 삶을 살게 해주심을 진심으로 감사드립니다. 그러나 부지불식간에 또 세상에 대한 관심과 관점과 판단에 매이고 끌리며, 이성적인 판단과 경험에 이끌리어 십자가의 능력을 소멸하며, 십자가의 도를 떠나 살며, 십자가의 복음을 묵상하지 않고 기도하는 미련한 죄인을 불쌍히 여겨주옵소서. 나의 주 성령이시여, 날마다 성령 충만함을 받아 오직 그리스도와 연합하여 십자가의 복음을 깨닫고, 그 안에 나타난 하나님의 구원의 역사를 믿고 확신하여 오직 하나님께 영광 돌리는, 이 땅에서 하나님의 복을 누리며 형통한 삶을 살아가는 모든 하나님의 자녀가 되게 지켜주옵소서. 우리 주 예수 그리스도의 이름으로 간절히 기도드리옵나이다. 아멘.

08

복음의 증인

우리가 그를 전파하여 각 사람을 권하고 모든 지혜로 각 사람을 가르침은 각 사람을 그리스도 안에서 완전한 자로 세우려 함이니 이를 위하여 나도 내 속에서 능력으로 역사하시는 이의 역사를 따라 힘을 다하여 수고하노라

_ 골로새서 1:28-29

08
복음의 증인

초대교회의 지도자이며 순교자인 폴리캅 감독에 얽힌 일화를 설명하겠습니다. 이분은 86세의 고령으로 순교하셨습니다. 폴리캅이 화형에 처하게 된다는 소식이 들리자, 이 일을 맡은 집행관은 무척 곤혹스러웠습니다. 모든 이에게 존경받는 덕망 높은 어른을 화형에 처하자니 마음이 심히 괴롭고 불편했습니다. 그러나 예수 믿는 사람은 이유를 불문하고 처형해야만 했습니다. 그래서 이 집행관은 큰 결심을 하고 폴리캅을 찾아가 설득했습니다. "감독님, 이렇게 비참하게 죽을 필요가 있겠습니까? 예수 안 믿겠다고 거짓말 한 번만 하십시오. 그러면 내가 놓아드리겠습니다. 그리고 다른 곳에 가서 마음대로 예수 믿으면서 평안하게 살면 되지 않겠습니까?" 집행관의 말을 다 듣고 난 후 폴리캅은 다음과 같이 대답했습니다. "예수님께서는 내 인생에서 단 한 번도 거짓말을 하신 적이 없습니다. 그런데 내가 어찌 내 목숨을 잠시 연명하겠다고 거짓말을 하겠소. 어서 나를 죽이시오." 폴리캅은 박해한 자들을 위해 기도한 뒤 불타는 장작더미에 올라가 순교했습니다.

성도 여러분, 나는 누구이며, 인생의 의미와 목적을 어디에 두고 살아가고 있습니까? 나는 정말 하나님의 자녀이며, 세상 속에서 하나님의 자녀답게 오늘을 살아가고 있습니까? 깊이 생각해야 합니다. 하나님의 은혜의 부르심에는 분명한 목적이 있습니다. 그 목적을 알며, 그 뜻에 순종하는 삶을 살아가십니까? 나 같은 죄인이 하나님의 자녀가 된 것은 하나님께서 내 안에서 하나님의 뜻을 이루고자 하심입니다. 이것을 잊어서는 안 됩니다.

그리스도인을 향한 부르심의 목적

어부였던 베드로를 예수님께서 부르시어 제자가 되게 하셨습니다. 베드로를 향한 예수님의 뜻이 있었기 때문입니다. 그는 그 뜻을 알고, 그 뜻에 순종하여 남은 인생을 복음의 증인으로, 오직 하나님의 복음을 선포하고 증언하며 담대한 인생을 살아갑니다. 박해자인 사도 바울도 다메섹 도상에서 부활하신 그리스도를 만납니다. 예수 그리스도께서 그를 향하신 뜻이 있었기 때문입니다. 부르심의 목적이 분명히 있었기 때문입니다. 그는 그 뜻을 발견하고 그 뜻에 순종하여 이방인의 사도로 오직 하나님의 복음을 선포하고 증언하며 권세 있는 인생을 살아가게 됩니다.

성도 여러분, 모든 그리스도인을 향한 부르심의 목적과 뜻이 있다는 것을 항상 기억해야 합니다. 모든 하나님의 자녀는 복음의 증인으로 선택받았고, 그 뜻을 이루도록 하나님의 자녀가 된 것입니다. 오직 하나님의 복음을 선포하고 증언하며 살아가야 합니다. 사도행전 1장 8절의 말씀입니다. "오직 성령이 너희에게 임하시면 너희가 권능을 받고 내 증인이 되리라." 성령 받은 사람은 그리스도의 증인이 될 수밖에 없습니다. 눈에 보이지 않는 성령이시지만, 그리스도인의 삶에 나타납니다. 복음의 증인으로 살지 않는다면 성령의 능력을 소멸했거나 성령 받지 못한 것입니다. 성령을 받은 사람은 오직 그리스도의 증인으로 하나님의 복음을 선포하고 증언하며 오늘을 살아갑니다. 나는 복음의 증인으로 살아가고 있습니까?

이런 재미난 사건이 있습니다. 한 정치 비리와 관련된 재판에서 있었던 일입니다. 변호사가 증인을 향하여 크게 소리쳤답니다. "당신, 이 사건에 합의하기 위해서 위법으로 5천 달러를 받은 게 사실입니까?" 이 증인이 아무 말도 안 합니다. 그냥 밖을 응시할 뿐입니다. 또다시 소리쳤답니다. "당신, 이 사건에 합의하기 위해서 불법으로 5천 달러를 받은 것 아닙니까!" 그래도 묵묵부답입니다. 재판관이 "아니, 증인! 좀 뭐라고 대답하시오!" 하며 재촉하니까, 증인이 깜짝 놀라서 이렇게 말했다고 합니다. "재판관님, 저는 변호사가 재판관님께 묻는 얘기인 줄 알았습니다."

성도 여러분, 성령 받은 사람인 하나님의 자녀는 침묵하지 않습니다. 침묵할 수 없습니다. 왜냐하면, 살아계신 그리스도가 나에게 주가 되시기 때문입니다. 성령께서 그렇게 역사하시기 때문입니다. 무엇보다도 하나님이 없다고 말하고 하나님을 경외하지 않는 세상이지만, 담대한 증인으로 살아갑니다. 두려움이 있으나 두려워하지 않고 그 진리를 전하며 오늘을 살아갑니다. 선포하고 증언한다는 말은 큰소리로 확신하며 담대하게 말한다는 것입니다. 사도 베드로를 한번 생각해 보십시오. 그는 제자 중의 수석 제자입니다. 예수님과 3년간 함께했습니다. 그런데 십자가 사건 앞에서는 두려움에 떨며 예수님을 부인하다가 저주하며 도망갑니다. 그러나 훗날 성령 충만함을 받은 후에 예수님을 죽인 그 재판관들 앞에서도 담대하게 선포합니다. "나는 사람의 말보다 하나님의 말을 듣노라! 예수는 십자가에 죽으셨으나, 다시 살아나셨도다!" 하나님의 복음을 담대히 선포하고 증언합니다. 이처럼 성령께서는 하나님의 사람을 고용하여 하나님의 복음을 선포하고 증언하도록 역사하십니다.

그래서 그리스도인은 항상 예수 그리스도 안에서 내가 누구인지, 삶의 의미가 무엇이며 목적이 무엇인지를 질문하며 답을 얻어야 합니다. 항상 십자가에 죽으셨으나 부활하신 예수 그리스도 안에서 생각해야 합니다. 나 같은 죄인을 위하여 죽으신 예수 그리스도, 나같이 미천한 죄인을 대속하기 위하여 죽으신 예수 그리스도, 바로 주 안에서 질문하며 답을 얻어야 합니다. 오직 예수 그리스도 안에서만 내가 누구인지를, 나의 인생의 의미와 목적과 가치가 무엇인지를 발견하고 확신하며 오늘을 살아갈 수 있는 것입니다.

오늘 성경에는 모든 하나님의 자녀에게 주신 복음의 사명이 명백히 기록되어 있습니다. 복음의 증인들은 무엇을 증거하고 어떻게 행해야 하며, 어떤 방식으로 임해야 하는지 명백하게 선포하며 기록하고 있습니다. 이 말씀을 항상 묵상하고 이 뜻에 순종하며, 이 말씀이 내 안에서 사건이 되어야 할 것입니다. 오늘 성경말씀은 28절에서 이렇게 선포합니다. "우리가 그를 전파하여." 항상 기억하시기 바랍니다. 모든 그리스도인은 오직 예수 그리스도를 전파하기 위하여 부르심을 받은 하나님의 자녀입니다. '전파했다'는 말은 proclaim입니다. 선포하고 증언한다는 것입니다. 오직 예수 그리스도를 전파합니다. 복음의 메시지, 복음의 본질은 예수 그리스도입니다. 너무나 간단한 진리이지만, 이것을 잊어서는 안 됩니다. 오직 예수 그리스도를 전파하는 사람이 그리스도인이지, 그리스도를 전파하지 않고 침묵하는 사람은 뭔가 지금 잘못된 신앙생활을 하는 것입니다. 그래서 내가 먼저 그리스도가 누구신지, 무슨 일을 행하셨는지, 무엇보다도 나 같은 죄인을 위하여 무슨 일을 행하셨고 또 오늘도 무엇을 행하고 계신지 명백하게 성경에서 알고, 믿고, 확신해야 합니다.

그래서 골로새서가 기록된 것입니다. 분명히 예수 그리스도가 전파되었지만, 그리고 그 위에 교회가 섰지만 시간이 지나가면서 자꾸 애매모호해지는 것입니다. 그것이 바로 사탄의 역사입니다. 성령 충만하면 오직 예수 그리스도만을 소망하며 그리스도의 증인으로 살아가는데, 자꾸 옛 본성에 이끌리고 사탄의 역사 속에 복음이 훼손되는 것입니다. 그리스도가 왜곡됩니다. 가감됩니다. 여기서 문제가 있는 것입니다.

선교와 전도, 아주 간단한 것입니다. 예수 그리스도를 전파하는 것입니다. 그런데 왜 이렇게 복잡하게 만들어가는 것입니까? 예수 그리스도를 전하는 데 무슨 훈련이 필요하고, 무슨 가르침이 이렇게도 많이 필요합니까? 내가 믿는 예수 그리스도, 나의 구주 그분만을 전파하면 되는 것입니다. 그런데 실제 선교 현장이나 전도사역에서 보면 그렇지 않은 것이 너무나 많습니다. 분명 예수 그리스도를 말하려고 하는 것 같기는 한데, 복잡합니다. 그 외의 것에 너무 많은 신경을 쓰고, 많은 관심을 쏟습니다. 이것은 잘못된 것입니다.

"예수 그리스도가 만물의 시작과 끝이다." 성경은 이렇게 선포합니다. 그래서 예수님은 알파와 오메가입니다. 모든 피조물의 시작과 끝이 예수 그리스도입니다. 그러므로 예수 그리스도 안에서 질문하며 답을 얻어야 합니다. 특별히 오직 예수 그리스도 안에만 명백하게 하나님의 구원의 역사가 나타나 있습니다. 하나님께서 예수 그리스도를 보내셨고, 십자가에 죽게 하셨고, 그리고 그분을 부활시키어 하나님의 우편에 앉히셨습니다. 그 이름을 믿는 자마다 구원받는 놀라운 역사가 나타납니다. 오직 예수 그리스도 안에서만 명백히 하나님의 계획과 행동이 구체화됩니다. 또한 오직 예수 그리스도 안에만 하나님의 신성이 충만히 나타났기에 하나님이 누구신지, 하나님의 역사가 무엇인지, 하나님의 성품이 어떠하신지 구체적으로 깨닫고 믿게 되는 것입니다.

그리고 예수 그리스도는 이 땅에 오셔서 하나님의 뜻에 순종하여 오직 하나님의 나라를 선포하셨습니다. 여기에 집중해야 합니다. 이것이 먼저입니다. 예수님께서 말씀하십니다. "하나님 나라가 가까웠느니라. 하나님 나라가 도래하였느니라." 하나님 나라가 이 세상 속으로 들어온 것입니다. 눈에는 보이지 않지만, 하나님의 주권과 통치가 구체적으로 나타났습니다. 그 나라의 완성은 예수님의 재림으로 성취될 것입니다. 하나님 나라가 이미 왔으나, 아직 완성되지는 않았습니다. 이 놀라운 하나님 나라의 역사를 위하여 세우신 것이 하나님의 교회입니다. 하나님의 교회는 삼위일체 하나님의 주권과 임재와 역사 속에서만 진정한 교회가 되는 것입니다. 예배란 삼위일체 하나님의 역사 안에 우리가 있음을 기뻐하고 찬송하며, 하나님의 말씀을 듣고, 하나님의 복을 받는 그런 시간입니다.

교회의 존재 이유와 궁극적 목적

교회의 존재 이유는 오직 하나님의 복음을 선포하고 증언하기 위함입니다. 하나님 나라를 전파하고 증언하는 것이 궁극적인 목적임을 항상 기억해야 합니다. 골로새 교회의 심각한 문제가 이것입니다. 분명히 예수 그리스도를 전하고 복음을 나타내지만, 자주 예수 그리스도가 희석되고 가감되며 왜곡되는 것입니다. 다시 성경은 말씀합니다. "우리는 그를 전파한다." 분명히 복음을 믿어 하나님의 자녀가 되었지만, 세상 문제와 자신의 문제, 온갖 근심과 걱정으로 예수 그리스도가 희석됩니다. 예수 그리스도를 온전히 전파하지 못하는 것이 문제입니다. 복음에 침묵하는 것입니다. 그것이 교회와 그리스도인의 위기요, 타락입니다. 오늘도 동일합니다. 성도 여러분, 부르심의 목적, 하나님의 뜻을 기억해야 합니다. 교회와 그리스도인은 하나님의 복음의 증인으로, 그리스도의 증인으로 부르심을 받은 역사 안에 있다는 것을 분명히 알아야 합니다.

언제나 전도의 열정으로 불탔던 하나님의 사람 무디 목사님의 유명한 일화입니다. 어떤 분이 물었습니다. "목사님, 그렇게 전도, 전도, 강조하시는데, 전도함으로 이 악한 세상이 변화될 수 있습니까?" 무디 목사님은 분명한 확신을 가지고 준비된 말씀을 전했습니다. "하나님은 저에게 전 세계를 개혁하라고 하지 않으셨습니다. 이 세상은 도저히 구할 수 없는 난파선입니다. 그렇지만 하나님께서 주신 구명선으로 우리는 가능한 한 많은 사람을 구해야 합니다." 찬송가 23장을 기억하시기 바랍니다. 1절입니다. "만 입이 내게 있으면 그 입 다 가지고 내 구주 주신 은총을 늘 찬송하겠네." 입 하나로 부족해서 만 개의 입이 있었으면 좋겠다고, 그 입 다 가지고 오직 예수 그리스도를 전하며 구원의 은혜를 찬송하리라고 고백합니다. 이것이 복음의 증인의 마음이요, 기도요, 삶입니다.

그래서 오늘 성경은 말씀합니다. "각 사람에게 권하고." 이 "각 사람"이라는 말이 28절 한 절에 무려 세 번이나 반복됩니다. 의도적으로 강조한 것입니다. 왜냐하면, 복음은 각 사람에게 명백하게 선포되고 증언되는 것입니다. 이 세상의 뉴스라는 것, 특히 가짜뉴스라는 것은 항상 은밀하게 대중을 향해서 전파되지만, 복음의 역사는 각 사람에게 전해져야 하는 것입니다. 왜요? 각 사람의 믿음으로 구원받기 때문입니다. 부모나 친구의 믿음으로 내가 구원받을 수 없습니다. 죄송하지만, 제가 제 자식들에게 그렇게 복음을 전하고 하나님의 사람으로 살라고 하지만, 제가 그들을 거듭나게 할 수가 없는 것입니다. 우리가 할 몫은 복음을 증언하고, 복음의 증인으로 살아가는 것뿐입니다. 구원은 오직 각 사람의 믿음으로 되는 것이기 때문입니다.

특별히 오늘 성경에서 "권하고"라는 말씀에 귀를 기울여야 합니다. 이 단어는 한국어로 '권면하고'이지만, 본래 원문에서는 '경고하다'입니다. 그래서 영문으로 보면 warning입니다. 경고하라는 것입니다. 예를 들면, 독약이 든 병이 있습니다. 그런데 거기다 '독약'이라고 써놓지 않으면 어떻게 됩니까? 참으로 위험합니다. 복음은 각 사람에게 경고하는 것입니다. 이것이 하나님의 방식입니다. 세상에 대해서 이렇게 경고해야 합니다. '오늘 우리가 사는 세상은 어둠의 세상이다. 불신앙의 세대다. 우리가 그렇게 살아왔다. 결국은 멸망할 것이다. 하나님의 진노와 심판이 나타날 것이다. 이미 임했고, 반드시 죄를 심판할 것이다.' 그런데 오늘날 경고가 사라집니다. 죄의 권세에 대해서, 사탄의 권세에 대해서 경고하지 않는 것입니다. 골로새서 1장 13절의 말씀입니다. "그가 우리를 흑암의 권세에서 건지셨느니라." 이것이 하나님의 구원 역사입니다. 그런데 흑암의 권세에서 건졌다고 하는데, 그 흑암의 권세가 무엇인지를 모릅니다. 이 세상이 너무 좋아서, 이 세상이 이대로 갔으면 좋겠다고 생각합니다. 죄의 권세도 모르고, 사탄의 권세도 모릅니다. 아무리 예수 그리스도를 전하고 기적을 행해도 구원받기 어려운 것은 경고가 없기 때문입니다.

    초대교회의 메시지를 한번 기억해 보십시오. 사도행전 2장에 자세히 기록됩니다. 성령 충만하여 베드로는 담대하게 선포합니다. "이 패역한 세대에서 구원을 받으라." 이것이 메시지입니다. 예수님 당시나 오늘, 미래 사회에서도 "이 패역한 세대야"라고 하면 돌 맞습니다. 정신병자라는 말을 듣습니다. "악한 세대다. 흑암의 권세다"라고 말하면, 뭔가 정신이 이상한 사람으로 조롱받을 것입니다. 그러나 성령께서는 그렇게 역사하십니다. 경고해야 합니다. 죄에 대해서, 세상에 대해서, 사탄에 대해서 경고해야 합니다. 그것이 믿어질 때 비로소 하나님께로 돌아오는 계기가 됩니다. 예수님도 말씀하십니다. "회개하고 복음을 믿으라." 그냥 복음을 믿으라는 것이 아닙니다. 복음이 무엇입니까? 복음은 악한 세상에서 구원하는 것입니다. 그래서 회개가 먼저인데, 문제는 죄가 뭔지 알아야 회개할 텐데 죄를 알지 못합니다. 그래서 주님께서 경고하라고 말씀하십니다. 복음서를 보면, 하나님의 진노와 심판에 대해서 예수님께서 많이 말씀하십니다. "하나님의 진노가 임박하였느니라."

    성도 여러분, 이 경고란 하나님의 방식으로 이루어집니다. 그런데 이런 경고가 오늘날 사라졌습니다. 복음의 진수에 대해서 요한복음 3장 16절을 다시 한 번 기억하시기 바랍니다. "하나님이 세상을 이처럼 사랑하사 독생자를 주셨으니 이는 그를 믿는 자마다 멸망치 않고 영생을 얻게 하려 하심이라." 왜 하나님께서 독생자를 보내신 것입니까? 하나님의 사랑의 목적이 무엇입니까? 멸망을 피하기 위함입니다. 왜냐하면, 지금 멸망의 상태에 있기 때문입니다. 내가 멸망의 상태에 있지 않다면 왜 하나님을 믿겠습니까? 이대로는 멸망할 것이고, 지옥 갈 것이므로 경고해야 하는 것입니다. 더 나아가 영생을 얻게 하려 하심입니다. 그런데 오늘날은 이 멸망에 대해서, 심판에 대해서, 진노에 대해서, 지옥에 대해서 입 다무는 시대가 되어버렸습니다. 성경은 말씀합니다. "각 사람에게 경고하라." 이것이 하나님의 말씀입니다.

오래전 일입니다. 제가 20대 전에는 명동이나 종로, 또는 전철에서 흔히 볼 수 있는 전도 구호가 있었습니다. "예수 천당. 불신 지옥." 이것이 경고입니다. 예수 믿으면 영생을 받아 천국에 가지만, 믿지 않으면 지옥에 간다는 경고입니다. 우리는 예수님을 왜 믿습니까? 소극적으로는 지옥 가지 않으려고, 심판을 피하려고, 멸망 받지 않으려고 믿습니다. 그리고 적극적으로는 영생을 얻고 천국에 가기 위해서입니다. 그런데 오늘은 반쪽이 사라졌습니다. 경고가 없습니다. 복음의 방식이 잘못된 것입니다. 하나님의 뜻을 거역합니다. 성경은 말씀합니다. "각 사람에게 경고하라." 깊이 생각해야 합니다.

 십자가의 피, 왜 예수님께서 십자가에서 죽으셔야 하는 것입니까? 멸망하지 않게 하기 위해서, 하나님의 심판과 진노를 피하게 하기 위해서입니다. 그래서 이런 일이 있어야 하는 것입니다. 적극적으로는 하나님과 화목하게 하기 위하여, 하나님과 화평하게 하기 위하여, 천국에 들어가기 위하여 십자가의 역사는 있어야 하는 것입니다. 그런데 이 십자가의 복음을 말하면서 멸망, 진노, 하나님의 심판, 지옥을 다 빼놓으면 복음은 추상적인 것이 되고 맙니다. 그러다 보니 오늘날도 천국은 믿는데, 지옥을 안 믿습니다. 내 주변의 사람 중에도 안 믿는 사람은 다 지옥 가는데 불쌍하지도 않습니다, 무지무각해졌습니다. 성경은 말씀합니다. "각 사람에게 경고하라."

 오늘날 대표적으로 번영의 복음이 이와 같습니다. 심판, 지옥, 경고가 없습니다. 예수 믿으면 소원성취하고, 만사형통하고, 부와 건강을 얻고, 모든 게 잘된다고만 생각합니다. 그런데 10년, 20년, 시간이 지나고 나면 이런 말들은 다 부도수표가 됩니다. 이러니 교회가 교회 되지 못하는 것입니다. 그리스도인이 바른 신앙생활을 하게 되지 않습니다. 성경으로 돌아와야 합니다.

하나님 앞에 완전한 자로 세우심

"오직 예수 그리스도를 전파하며 각 사람에게 경고하라." 이것이 성경 전체의 메시지입니다. 그리고 더 깊은 메시지를 우리에게 줍니다. "각 사람을 그리스도 안에서 완전한 자로 세우려 함이니." 이것이 복음의 목적입니다. 죄 사함이 목적이 아닙니다. 의롭게 됨, 하나님의 자녀 됨도 목적이 아닙니다. 그것을 넘어 완전한 자로 세워져야 하는 것입니다. '세운다'라는 말을 신학적으로 재해석하면 최후의 심판대 앞에서 완전한 자로, 하나님의 의에 합당한 자로 세워진다는 것입니다. 그래야 승리하고 천국에 들어갑니다. 완전한 자라는 말은 부르심의 목적을 말하는 것입니다. 그래서 골로새서 1장 22절에서도 이렇게 기록했습니다. "이제는 그의 육체의 죽음으로 말미암아 화목하게 하사 너희를 거룩하고 흠 없고 책망할 것이 없는 자로 그 앞에 세우고자 하셨으니." 하나님 앞에, 최후의 심판대 앞에 완전한 자로 거룩하고, 흠이 없고, 책망할 것이 없는 자로 서야 구원을 이루며 천국에 들어가는 것입니다. 이것이 하나님의 뜻입니다.

그래서 빌립보서에서 말씀합니다. "너희 구원을 이루라." 이것은 교회를 향한 메시지입니다. 구원받은 사람에게 구원을 이루라는 말씀은 최종 구원을 이루라는 것입니다. 최후의 심판대 앞에 완전한 자로 서지 못하면 구원이 무엇인지를 모르는 것입니다. 오직 회개와 믿음으로, 완전한 자로 서게 됩니다. 하나님의 최종적 방법은 죽음입니다. 그런 의미에서 죽음이 너무나 감사합니다. 잘 안 믿는 것 같고, 정말 저 사람은 거듭난 것인지 싶은 생각을 했던 사람도 돌아가실 때 보면 정말 철저하게 회개하고, 합당한 자로 천국에 가게 됩니다. 죽음이 없었으면 그런 일은 안 벌어질 것입니다. 그런데 죽음이라는 사건 앞에서 아주 겸손해지고, 철저히 무너지며, 하나님의 은총을 구하는 그런 삶을 많이 보게 됩니다. 하나님께서 행하시는 것입니다. 그래서 골로새서 1장 23절에 이렇게 기록합니다. "만일 너희가 믿음에 거하고 터 위에 굳게 서서 너희 들은 바 복음의 소망에서 흔들리지 아니하면 그리하리라."

성도 여러분, 내 힘으로 완전한 자로, 거룩하고 흠이 없는 자로 설 수 있겠습니까? 시간을 1백 년, 2백 년 준다고 가능한 일입니까? 불가능합니다. 그러면 누가 행하시는 것입니까? 하나님께서 하나님의 자녀에게 이렇게 행하신다고 약속하십니다. 이것이 약속의 소망입니다. 이 은혜를 생각하며 오늘을 살아가야 합니다. 그래서 하나님의 자녀는 오직 성령께 삶을 의탁해야 합니다. 성령의 존재와 역사를 모른다면 거듭 남도 없고, 의롭게 됨도 없습니다. 하나님의 자녀가 되지 못 하고, 천국에 들어가지도 못합니다. 무엇보다 완전한 자로 서 지 못합니다. 날마다 새롭게 변화되지도 못합니다. 성령의 역 사가 있어야만, 성령이 나를 변화시키셔야만, 하나님의 말씀 이 말씀으로 들려오며 내게 사건이 되는 것입니다. 성령의 역 사 속에서만 복음의 증인으로 살아갈 수 있고, 성령 충만함과 통제 속에서만 복음의 목적이 내 안에 이루어집니다. 얼마나 감사합니까! 위대한 사도 바울은 성령 충만하여 29절에 이렇 게 기록합니다. "이를 위하여 나도 내 속에서 능력으로 역사 하시는 이의 역사를 따라 힘을 다하여 수고하노라." 우리가 예수 믿고 구원 받았지만 자꾸 세상이 나를 끌어가고, 자아가 나를 끌어갑니다. 그러니 오직 성령께 의탁해서 성령을 붙잡 고, 성령께 기도하며, 성령께 순종하며, 하나님의 일에 힘써 야 합니다. 먼저 하나님의 나라와 의를 구하며, 신령한 세계 를 바라보며, 그리스도의 증인으로 살아가야 하는 것입니다. 이것은 저절로 되는 것이 아닙니다. 성령의 역사 속에 살아가 야만 가능한 것입니다.

유명한 복음 전도자였던 존 길모어 목사님의 일화입니다. 어느 날 마을을 지나가는데, 주방용품을 파는 한 노인을 만났습니다. 서로 대화를 나눕니다. "안녕하십니까? 요즘 장사는 잘되시나요?" "네, 그럭저럭 잘됩니다." "어르신은 예수님을 믿으십니까?" "물론 믿지요. 예수님을 믿고 구원받는다는 것은 참으로 위대한 일입니다." "네, 하지만 그보다 더 위대한 일이 있습니다." "그래요? 그 위대한 일이 뭔가요?" 궁금해하는 노인에게 목사님은 말했습니다. "그건 바로 나를 구원해 주신 그분과 동행하는 것입니다."

성도 여러분, 복음의 증인은 살아계신 그리스도와 함께 오늘을 살아가는 사람을 말합니다. 그러기에 그리스도의 증인으로 살아가게 됩니다. 골로새서 3장 1절과 2절에서 우리에게 어떻게 해야 성령 충만하며 그리스도의 증인으로 살아갈 수 있는지, 그 비결을 말씀해 줍니다. "그러므로 너희가 그리스도와 함께 다시 살리심을 받았으면 위의 것을 찾으라 거기는 그리스도께서 하나님 우편에 앉아 계시느니라. 위의 것을 생각하고 땅의 것을 생각하지 말라." 살아계신 그리스도와 하나님 아버지만을 소망하며, 천국을 갈망하며, 신령한 세계를 바라보며 오늘을 살라는 것입니다. 성령께서 이 일을 가능하게 하십니다. 성령의 도움으로 세상을 향하여 초연한 자로 살아가게 되는 것입니다.

"세상을 생각하지 말라." 여기서 생각이라는 것은 'set your

mind'입니다. 즉 세상에 마음을 고정시키는 일을 하지 말라는 것입니다. 위의 것을 생각하라는 것은 마음을 천국에, 하나님과 예수님이 계신 곳에 고정시키고 생각하며, 이 일의 증인으로 오늘을 살라고 하시는 것입니다. 오직 성령의 역사로만 가능한 영 주도적인 인생입니다. 그리하여 이 어두운 세상에 복음의 자녀로 권세 있는 삶을 살고, 하나님이 주신 복을 누리며, 날마다 새롭게 변화되며 승리하는 삶을 살아갈 수 있는 것입니다.

기도

창조주이시며 거룩하신 하나님 아버지, 오직 하나님의 은혜의 부르심 속에 믿음으로 하나님의 자녀 되어 전에는 세상에 속한 자요, 세상의 종으로 살았지만, 이제는 하나님께 속한 자요, 그리스도의 증인으로 살게 하여 주심을 진심으로 감사드립니다. 이 놀라운 구원의 역사 안에 나의 정체성과 미래와 운명이 있지만, 아직도 예수 그리스도 안에서 내가 누구인지를, 내 삶의 의미와 목적이 무엇인지를 날마다 묻지 않고 살아가 또다시 옛사람의 본성에 이끌려 살아가는 죄인을 불쌍히 여겨 주옵소서. 모든 하나님의 자녀를 향한 하나님의 뜻이 있음을 다시 기억하고, 그 뜻에 순종하게 하시어 복음의 증인으로 담대한 인생을 살며, 살아계신 그리스도를 바라보며, 오직 위의 것을 찾으며, 위의 것을 생각하며, 주의 나라와 주의 의를 먼저 구하는 형통한 인생을 살아갈 수 있도록 함께하여 주옵소서. 날마다 성령 충만함을 간구하며, 성령의 사람으로 깨어 기도하며, 성령 주도적인 인생을 살아갈 수 있도록 함께하여 주옵소서. 우리 주 예수 그리스도의 이름으로 간절히 기도드리옵나이다. 아멘.